神社新報ブックス　24

お伊勢さんとムラの神々

—祭りに学ぶ—

櫻井治男

目次

はじめに

勝海舟の父・小吉の自叙伝『夢酔独言』に「伊勢大神宮」へ抜け参りをしたことが記されている。十四歳の時、駿河は安倍川沿いの地蔵堂で出あった大人に「伊勢参り」だと言ったところ、「御伊勢様へ御さいせんを上るから」と鞠子の賭場へ連れて行かれ、その場の連中も「御伊勢様へ御初穂あげるから」として小吉に銭を委ねたとある。街道での一期一会の縁ということであろうが、伊勢参りの子どもに大事なお供えを託す心意気と背景に窺える信頼感は、「御伊勢様」との呼称によく表れているように思う。現代風には「お伊勢さん」と呼んでよかろう。

伊勢市内に住みはじめ、まもなく干支一巡となる。長らく「お伊勢さん」に見守られ穏やかに過ごしてきた。そのお蔭に対し、正面から神宮のことに向きあい学ぶべきではあるが、できて来なかった。それは神宮が大きな存在であり、先賢の多様で豊かな研究蓄積の山に踏み入れるには足下がおぼつかないからである。しかしながら、伊勢に住んでいると神宮のことは何でも知っているだろうと思われてしまう。ちょうど、海外に出た日本人が神道のことは何でも知っているだろうとして尋ねられるのと似た状況である。また、神宮を対象化して眺めるには「内なる伊勢」にあってもどかしさを感じることがある。

そうした場合、視点を時間的に遡及させるとか、あるいは空間的に離れた場から照射する方法もあろうが、もう一つは「地域」という立場から見つめ返すことも可能ではなかろうか。ムラの神社、祭り、さらに地域の意識という観点が伊勢の神宮を理解する契機ともなるように思う。

もとより、深く地域に身を置く研究をしてきたわけではないが、折に触れ神宮や地域神社に関わるテーマで執筆の機会があり、自身へのチャレンジとして文章にまとめてきた。今あらためて所論を再読すると、フィールドワークで得た同じ情報を、何度か用いている箇所があり、オリジナリティーという点では難点があるかもしれない。しかしながら、新発見の資料や珍しい資料でなくても、それぞれに必要な材料を繰り返し登場させることも考察の展開上重視しておきたい点でもある。

かつて恩師の原田敏明先生は、「社会と伝承の会」を発足（昭和三一年六月一日）された時、「最も手近かな資料によつて学問の根拠を堅めて行くことは、万人に納得の行く最も適切な近道である」（『社会と伝承』創刊号）と述べられた。その近道へも入れないが、「神宮」がなぜ「伊勢の大神の宮」であり「御伊勢様」と呼ばれるのかを考える手近な材料として本書の内容が読者に「響鳴」することがあれば幸いである。

本書の企画・編集・出版の全般にわたり尽力下さったのは、國學院大學神道文化学部の藤本頼生教授であり、併せて跋文まで頂戴し深甚の謝意を表したい。さらに、神社新報ブックスとして刊行の労をとっていただいた同社の大中陽輔氏の支援がなければ本書は完成しておらず厚く御礼申し上げる次第である。

本年は、第六十三回神宮式年遷宮のはじまりを告げる「遷宮元年」にあたるという。この重儀、大嘗が滞りなく斎行される世であることを祈りつつ日々学びにいそしみたい。

令和七年二月十七日

櫻井　治男

第一章　伊勢の大神と遷宮

伊勢神宮と神道文化
―三種類の象徴的な時間―

伊勢神宮の魅力

日本の宗教伝統である「神道」の歴史とその文化的価値を伝えている存在の一所として伊勢神宮がある。神宮の鎮座する伊勢市の人口は、約十三万人であり、決して大きな都市ではない。しかしながら、COVID-19の影響で国中が旅行を控えていた期間を除けば、毎年平均して八百万人を超える人々が神宮を訪れている。二十年に一度、ここで行われる「式年遷宮《しきねんせんぐう》」という大規模な祭りが行われる際には、伊勢市を訪れる人々の数は瞬時的に大きく増加する。この祭りは、神宮のみならず日本社会にとっても重要な文化的意義を持ち、平成二十五年（二〇一三）の式年遷宮では、神宮への参詣者は千四百二十万人という驚異的な数字に達したことで知られている。

伊勢神宮は、一般的には神社と称される神道の宗教施設のなかでも特別高い地位にあるだけではなく、日本を代表する「聖地」として人々に親しまれてきた。過去においても、そして現在も多くの人々が訪れる神宮の魅力について次の三点を指摘しておきたい。

第一点は、神宮が創祀された時から皇室と深いつながりを持つとともに、多様な参宮者を受け入れて来た歴史があること。第二点は、神宮で行われる伝統的な祭りには日本文化の基本的な要素や本質が見られること。そして第三点は、豊かな森のなかに、近寄り難い畏怖《いふ》感を醸し出しながらも、一方では穏やかで親しみを感じる木造の大きな神殿が立つ「聖所」があるという、自然と一体化した宗教的環境という点である。

この三点の特徴は、神宮に見出される「三種類の象徴的な時間」と密接に関係しており、神宮を訪れる人々が何らかの形で感じ取っている魅力でもある。

象徴的な時間とは、まず一つ目は、過去から流れている不可逆な時間のことである。神宮が伊勢の地に創立されて以来、変わらずに存在してきたという連続性がもたらす安心感と歴史の重みを意味する。

二つ目は、循環し繰り返される時間である。これは神宮の祭祀に見出され、特に二十年に一度行われる「式年遷宮」に顕著に表れている。

三つ目は、振り子のように、二つの異なる領域を行き来する時間である。それは過去と未来の間でもあり、あるいは「現在地」と「原点」との往還を意味するものである。

伊勢神宮の始まりと流れる時間

伊勢神宮の正式名称は「神宮」である。神宮は皇大神宮《こうたいじんぐう》と豊受大神宮《とようけだいじんぐう》という二つの中心となる宮をはじめ、それらに付属する別宮《べつぐう》、摂社《せっしゃ》、末社《まっしゃ》、所管社《しょかんしゃ》をあわせて百二十五の宮社にて構成されている。神宮が、伊勢の地にその姿を表わすのは、日本最初の歴史書(国史)である『日本書紀』に記述された鎮座伝承の記事においてである。それが実際には何世紀のことなのか、未だ確定されていないが、現在ではおおよそ二千年程前のことだと推測されている。

さて、『日本書紀』に見られる鎮座伝承によれば、皇女「倭姫命《やまとひめのみこと》」が、父である第十一代の垂仁《すいにん》天皇の命により、皇室の祖神である「天照大神《あまてらすおおみかみ》」を、天皇の住む地から遠く離れた伊勢の地に祀ったとある。

鎮座当時はまだ、現在のような大きな神殿は存在していないと考えられるが、この伝承において重要な点は、神宮が、その始まりから天皇と深い結びつきにあるということである。このつながりは変わることなく現代に至るまで継承され、神宮の重要な祭りに天皇は勅使を差遣し、供え物（幣帛《へいはく》）を奉られる慣例となっている。また、近代になってからは、天皇みずから皇后と共に神宮参拝（御親謁）をされる新しい慣習も始まり、それが一つの歴史を構築している。

一方、神宮は国家的に重視されてきただけではなく、一般の人々にとっては、偉大な神である天照大神を祀る場所（内宮《ないくう》・皇大神宮）と、人々の暮らしを守る豊受大神《とようけのおおみかみ》を祀る場所（外宮《げくう》・豊受大神宮）として広く知られてきた。中世の頃からは、庶民信仰の聖地としての認識が高まり、現在に続くように多数の人々が訪れる神社となっている。

神宮を訪れる人々の目的は、神に何らかの救いを求めるとか、滅罪を祈るとか、あるいは聖地巡礼に特有の自己発見のためや苦行を実践するためではない。むしろ伊勢神宮への参拝の主眼は、神々の「お蔭」(恩頼《みたまのふゆ》）を受けて日常生活を、平穏で心豊かに送ることが出来ていることへの感謝と、神々への奉賛の気持ちを伝えることにあると言ってよい。

神宮の創祀伝承によれば、神宮が伊勢の地に創祀されることが決まった時、天照大神は、自ら言葉を発し、この地が「常世《とこよ》」と呼ばれる理想的な世界に近接した麗しい土地であり、「私はここに居りたい」と皇女・倭姫命に伝えている。この言葉の重みに従って、伊勢の地で神宮がその歴史を紡いできたという点に、参拝者は悠久の時間の存在を感じていると言えよう。

神宮の祭祀と循環する時間

神宮では、神社神道の作法による祭り（祭祀）が数多く行われるが、それらは大きく区分すると三種にわけられる。一つは、毎日、外宮の御饌殿《みけでん》という建物で、神々に早朝と夕方の二回、食事を差し上げる祭りである。これは毎日繰り返され、中断することのない祭りとされている。

二つ目は、毎年繰り返される年中祭典である。神宮では年間千五百回もの祭りがあるとされているが、なかでも十月に行われる神嘗祭《かんなめさい》という祭りが最も重んじられている。この祭りは新穀（米）を最初に天照大神にお供えするとともに神と人とが共食するという内容で、神宮内部では、この祭りの時から、新年が始まるとも言われている。日本人が主食としてきた米の生産と深く結びついた祭りである。

そして三つ目が式年遷宮である。二十年ごとに繰り返し行われる、非常に大規模な祭りである。これは、毎年の神嘗祭がその規模を大きくして行われるもので、神殿を造り替え、神々を新しい建物へ遷すことが儀式の中心となっている。

新たな神殿は加工したヒノキ材を組み合わせてつくられ、土壁はなく屋根は茅葺《かやぶき》である。建物の素材はとても質素であり、建物を彩色して華美な装飾を施すことはない。なぜ二十年ごとに遷宮がおこなわれるようになったのかは明確ではないが、建物が劣化したから神殿を造替するということが理由ではない。但し、二十年ごとに造替することによって木造建築の技術が代々継承されてきたといえる。

ところで、神殿造営のためには、多くのヒノキ材が用いられている。建物の柱や扉などには大口径のヒノキが必要である。長年にわたる大木の伐採のため、神宮周辺の山では、近世頃までには大径木の入手が困難となっていた。また二十年ごとに建物が新調されることもあって、木材の無駄遣いではないか、森林破壊ではないのかといった批判もある。さらには明治後期には、神殿の構造体の一部をコンクリートにすべきではないかといった意見もあったが、この意見は明治天皇の思召によって一蹴されている。

筆者は、前出の式年遷宮が森林の無駄遣いであるといった意見や、コンクリート論には賛同できない。なぜならば、式年遷宮を行うことによって森林が守られているということと、神殿などに利用された御料材は、その後も何度も繰り返し再利用されているからである。また、神宮では過去の遷宮の事例に学び、数百年先を見据えた神宮林（自ら所有する山林）の適正管理計画を立てて実行している。それは、神殿建築に必要なヒノキの植樹、育樹、伐採、そして再び植樹するという長期にわたる循環型の森林管理が行われているからで、むしろ、このことが神宮の豊かな森を持続的に保持する結果を導いているのである。

筆者は神宮における森林管理の実態を、短期的な視点で評価するのではなく、長期的にその効果を見るべきであると考えている。そして、二十年ごとに繰り返される式年遷宮の祭祀のために、自然の循環サイクルに従いつつ、森を育て、そこで得られる木々を活用するという思想は、地球環境保全のためにも重要な意義を有しているといえる。

また、二十年間使われてきた神殿や鳥居、板塀などの多くの社殿の御料材は、全国各地の神社へ譲渡され、それぞれの神社で神殿を立替える時に再利用されている。さらに譲渡、再利用だけにとどまらず、神宮の神殿を受け取った神社では、それまでの神殿をさらに規模の小さな神社の神殿として転用するなど、木々が何度も再利用されて行くのである。そうした利用の方法について、神道の観点からは、人間が「木の命」を繋ぎ、木々がその勤めを十分果たすための手伝いをしていると考えられよう。

そのことは、神殿ばかりではない。例えば、内宮を流れる五十鈴川《いすずがわ》に架かる宇治橋《うじばし》の両端には大きな鳥居が建てられているが、これは内宮・外宮の神殿の立派な柱を転用したものである。そして宇治橋が建替えられた後に、古い鳥居は参宮街道の入り口の鳥居として再建される。また、そこで建替えられた古い鳥居も、他の神社の用材や鳥居として用いられるなど、決して不要材として扱うことはない。それは、聖なる物を新たに清浄にして大切に使い続けるという神道の思想を表しているのである。このようにして、循環と繰り返しの時間が、伊勢の神宮には流れているのである。

過去と未来を往き来する時間と祭祀の伝統

最後に取上げるのは、神宮に見出される「三種類の象徴的な時間」のうちの三つ目、「振り子のように、二つの異なる領域を行き来する時間」のことである。振り子が動くためには定点が必要である。その定点となるのが、神道においては「祭祀の伝統性」という基準であると考える。そうした認識に基づいて、祭祀を行う上では、原点となる過去の事柄を確認し、反対に過去の視点から未来を照射して、本来のあるべき姿を見定めようとしている。

これは決して過去を懐かしむことではなく、伝統に基づいた新たな創造へと向かうための力となる振り子の運動のようなもので、そこで往き来する時間の重要性を意味している。振り子が往き来する二つの領域を、神道の「原点文化」と「創造文化」として捉えることができよう。

神宮の神殿は繰り返し造替されることで、造宮技術の向上とともに洗練されたその美しさが際立つように創り上げられてきた。一方で掘立《ほったて》柱を立てて、床や壁を木で囲い、平入りの建物という建物の基本構造は、日本建築の原点の一つを示している。

また、神殿内に納められる「御装束神宝《おんしょうぞくしんぽう》」と呼ばれる、神々のための衣装や鏡・櫛などの調度品、神々の威厳を表象する刀剣類なども、「原点」と「創造」の観点から注目される。これらの品々は、式年遷宮が制度化された七世紀頃のものが基本的な形式となっているが、各時代の技術職人によって制作され、現在でも名工や人間国宝と呼ばれる、高度で洗練された技術を持った人々が制作している。

しかも、これらの品々は新たな創作作品ではなく、今まで制作されてきた品々を、元の形通りに、同じものを作ることが求められている。制作技術や方法に時代的な創造もあろうが、作られるものは常に原点の品々を規範としている。神殿に納められた「御装束神宝」を直接見ることはできないが、その役割を終えた品々は「撤下品」として拝見することができる。それらの御装束神宝に接した時、私たちはたとえ近年に作られたものであっても、悠久の昔からの声、原点からの呼びかけを聞く思いがするのである。

以上、伊勢神宮と神道文化とのかかわりについて、わずかではあるが述べてみたところである。ここで提供した話題が決して仮想のことではないことを確かめるためにも、多くの人々が伊勢の神宮を訪れることを密かに期待しつつ、本稿の筆を擱きたい。

伊勢の大神と古代信仰
―天照大神と伊勢―

伊勢神宮と出雲大社《いずもおおやしろ》という古来の重要な神社への信仰面を、その祭神や日本神話に登場する神々についての語りの内容、人類文化における自然現象と神観念の発達史的な観点などから理解を試みる場合、テーマが大きいだけに、これまで様々に論じられ、また時代的な関心の赴くところも多彩である。そうしたなか、神社と祭神ということでみるならば、神社が基本的に有する「神を祀る場」「神祭りの場」という性格において、そこで行われる儀礼上の問題を抜きにして「神」の問題を理解することは難しいであろう。

また、神や神信仰のありかたには、一種の神学的な意味付けとそれへの反省的態度という問題も関わってくる。本稿では、伊勢神宮を中心に、古代信仰との関連で伊勢の神を考えて行こうと思う。

伊勢神宮の内宮《ないくう》々域を流れる五十鈴川に架かる宇治橋の両端には鳥居が建てられている。現在では、この橋を越えると神域へ入ることとなるが、一般道路側（外側）の鳥居は外宮《げくう》正殿のかつての棟持柱《むなもちばしら》、神域側（内側）は内宮正殿のそれが用いられている。冬至の朝ともなると、宇治橋前は、外側の鳥居の中央から昇る太陽を参拝・見学に集う人々で賑わう。毎年、この日を待ち構える写真家もあり、伊勢市における時節の見どころの一つとなった感がある。

人それぞれに思いは異なろうが、内宮に祀られる「天照大神《あまてらすおおみかみ》」が「日神」という古伝、そして「冬至」という二十四節気のうちでも重要な「太陽」の運行とが響き合い、伊勢神宮を超時間的な流れで捉える関心を促す材料として、また原初的な信仰を理解する証として受け止められているようである。こうした関心は、夏至の頃、伊勢市二見町にある夫婦《めおと》岩に渡された大注連縄《しめなわ》の間から昇る太陽を拝むこと、あるいは伊勢湾口に位置する神島（鳥羽市）で大晦日から歳旦にかけて行われるゲーター祭で「日輪」が登場する神事などを含め、伊勢地方と太陽信仰の結びつきという文脈で語られるところでもある。

しかしながら、自然の事象や民俗伝承における太陽への関心が、それを伝える社会のあり方や解釈を試みる立場、さらに両者の相互影響により、その考察の範囲が拡大され、発想の根拠を確かめることが難しくなっていることもあるだろう。宇治橋鳥居と太陽の関係も、一九八〇年代ごろにそれと気づいた参拝者の指摘があって、あらためてその現象に注目された。しかし、五十鈴川に架かる大橋、そして鳥居設置の関係性について、この地に神宮が鎮まった以来からの事柄として遡及させるには歴史資料上の困難さがある。

また、明治以前は「立石《たていし》」として知られて来た夫婦岩の地は、伊勢参宮が盛んとなった近世では、参詣者の禊場としての渚であり、汐干時の遊興の名所でもあった。立石は、安政元年（一八五四）の海嘯により海中へ沈んだ「興玉石」の拝所ともいわれる岩礁で、遠くに富士山や旭日が描かれる構図（『伊勢参宮名所図会』巻五）により、太陽と結びつくイメージもさらに醸成されてきた。

ゲーター祭の「日輪」は、グミの木枝を束ね白紙で包み、「日の御像」すなわち円形に作られ、地元では「アワ」と称されて、祭りの当番家で祀られる神具である。ところが、このカミの表象物を長い青竹で上方へ突き揚げ叩き落とすような行為には、『礼記《らいき》』（曽子問）の「天無二日、国無二王」等で知られる、「天に日輪二つなし国に二王ある時は災禍起るとの意味を以て若し一天に日輪二つ出し時は神に祈誓し斯くの如く其一つを退治するの意より出てし挙なりと古老の言ひ伝へ」（『三重県下の特殊神事』）と説明された。神事終了時の聖物処理という見方だけでは納得されない、太陽信仰との結びつきが強調される視点も発生し、神秘性・秘儀性を浮上させる状況も現れている。

さらに、伊勢神宮と奈良の大神《おおみわ》神社（三輪山）、そして出雲大社を結ぶ線を聖なる宇宙軸と見なし、そこに伊勢神宮の別宮である伊雑宮《いざわのみや》（志摩市磯部町）を加え、海洋民の信仰との結びつきの視点から、古代文化を追究する関心も寄せられる。

以上のような関心や理解の背景には、時代を超えて希求される太陽への憧憬的態度やそれを「日神」として信仰する観念との関連性があろうが、「伊勢」という「場」にあっては、伊勢神宮の持つ宗教性と社会性とが関係するとも言えよう。ただし「太陽信仰」といっても、古代エジプトにおけるファラオ（王）はラー（太陽神）の子どもであり、その地上における代理人と見なすような関係で、天皇と伊勢の大神を捉えることは、両者の風土性や社会性などの異なりを思えば、同列に論じるには慎重さが必要であろう。

伊勢の神宮と由緒

宇治橋の手前に「内宮」について、次のような由緒書が神宮当局により掲げられている。

皇大神宮（内宮）
御祭神　天照大御神
御鎮座　垂仁天皇二十六年
天照大御神は皇室の御祖神であり　歴代天皇が厚くご崇敬になられています　また私たちの総氏神でもあります
約二千年前の崇神天皇の御代に皇居をお出になり　各地をめぐられたのちこの五十鈴川のほとりにお鎮まりになりました（下略）

一方、「外宮」については、参道入り口の由緒板に次のようにある。

豊受大神宮（外宮）
御祭神　豊受大御神
御鎮座　雄略天皇二十二年
　豊受大御神はお米をはじめ衣食住の恵みをお与えくださる産業の守護神です
今から約千五百年前に丹波国（現在の京都府北部）から天照大御神の御食事をつかさどる御饌都神としてお迎え申し上げました
御垣内の御饌殿では　毎日朝夕二度　天照大御神に神饌をたてまつるお祭りがご鎮座以来一日も絶えることなく行われています（下略）

省略個所は式年遷宮《しきねんせんぐう》についてであるが、ここには、伊勢神宮の（1）構成と祭祀、（2）創祀、（3）奉斎されている神々の性格と特性が現在的に簡潔にまとめられている。すなわち、伊勢の神宮は垂仁《すいにん》天皇の代に皇室の祖神である天照大神が現在地に鎮祭され(内宮)、その後、雄略《ゆうりゃく》天皇の代に天照大神の食事を司る豊受大神《とようけのおおみかみ》が丹波から迎えられ、その地に鎮祭された（外宮）という由来を有している。両宮に共通する点は、いずれの神々も当初はこの地に存在したのではなく、なんらかの意思において選ばれ、鎮祭されたということになる。

（1）について、現在の伊勢神宮は、皇大神宮《こうたいじんぐう》（内宮）と豊受大神宮《とようけだいじんぐう》（外宮）という二つの中心的な宮と、この両宮に付属する別宮《べつぐう》・摂社《せっしゃ》・末社《まっしゃ》等をあわせて百二十五の宮社から構成されている。別宮や摂社・末社の中には、伊勢神宮の成立をうかがう上で重要なものがある。

その分布は主に旧度会《わたらい》郡の内であり、両宮の宮域内および近接地、五十鈴川ならびに宮川流域とその周辺にまとまっている。但し、本宮と祭祀面などで関係の深い別宮において、出雲系を代表する素戔嗚尊《すさのおのみこと》や大国主命《おおくにぬしのみこと》といった神々が祀られていることはなく、内宮摂社の粟皇子《あわみこ》神社（鳥羽市池の浦）の祭神について『延暦儀式帳』に「須佐乃乎命御玉道主命《すさのおのみことのみたまのみちぬしのみこと》」（『書紀』第六段一書第三に宗像三女神の総称として「道主貴《ちぬしのむち》」とある）と記す程度である。こうした点では、総体としての伊勢神宮において、出雲の神々の位置が明白に刻印されてはいない。伊勢と出雲は異なる立場・性質の神々の祭場であったと考えられる。その一方で、内宮の別宮として月読宮《つきよみのみや》、伊佐奈岐宮《いざなぎのみや》・伊佐奈彌宮《いざなみのみや》が、また外宮の別宮に月夜見宮《つきよみのみや》があり、神話において語られる天照大神と月読命《つきよみのみこと》及びその祖となる伊弉諾《いざなぎ》・伊弉冊《いざなみ》二神の存在が意識されている。

このような構成をとるなかで、神宮の諸祭典のうちで年中恒例祭・遷宮とともに重儀となっている、毎日朝夕の二度「天照大神」への食事供進が基本とされる「日別朝夕大御饌《ひごとあさゆうおおみけ》祭《さい》」は、外宮内の御饌殿《みけでん》という施設で斎行され、内宮の神域にはそうした施設がない。これは外宮の成立とともに、伊勢神宮の性格ともかかわる事柄であることは注目されよう。

天照大神とは

天照大神の鎮座が「垂仁天皇二十六年」という神宮の創祀にかかる伝承は、学術上多様な議論がなされてきた。なかでも古代史学の議論は精緻で、考古学上の発見成果を取り込みつつ、日本国家の形成や古代王朝の発展と王権、祭祀の政治的意図に関わる問題などをテーマに、論争の続けられている領域である。

創祀の問題を大和朝廷の勢力拡大との関連で見る場合には、鎮祭年の解明がその立地とともに重要課題となる。一方、「神風の伊勢国は、常世《とこよ》の浪《なみ》の重浪《しきなみ》帰《よ》する国なり。傍国《かたくに》の可怜《うまし》国なり。是の国に居らむと欲《おも》ふ」(垂仁天皇紀・二十五年三月条)という天照大神の教えに登場する、常世の波の寄せる美し国に籠められた意味に関心を寄せると宗教的コスモロジーの問題が重要となる(櫻井勝之進『伊勢神宮の祖型と展開』)。

伊勢神宮を知るための古代史料が少ないなかで、天照大神の鎮祭は、史実の解明への期待とともに、一方では伊勢に祀られるこの神が、どのような性格をもって受け止められているかという視点も必要とされよう。

記紀神話において、天照大神は、月読尊、素戔嗚尊とともに三貴子として登場する。『書紀』には異伝も多く、『古事記』のように一元的なストーリーとはなっていないが、天照大神と月読尊は天上界にあって昼と夜とをそれぞれに支配し、素戔嗚尊が海原を治める役割を担ったと描かれている。なかでも天照大神と素戔嗚尊は人格的な物語性は強烈である。天照大神の岩戸隠れによる「常夜《とこよ》」(永遠の闇)の状況や、この神が「光華明彩」で六合《くに》(世界)を照らす神(『書紀』[第五段]本文)とも表現されることにより、太陽と重ね合わせられるところでもある。

こうした点から、伊勢神宮の発生を、元来は伊勢地方で信仰されていた自然神としての太陽神が、王権の東方進出に伴い皇祖神として昇華されたとの説明もみられる。論者によっては、天照大神がアマテラスと表現される。しかしながら、その表現ではオオカミという部分が欠落し、この神の意味するところが見えなくなる恐れもある。

『風土記』を見ると、地域ごとに土地の名前を冠する神の伝承があり、さらに神々のなかでも、地域的広がりをもった「大神」が登場する。「伊和大神《いわのおおかみ》」(『播磨国風土記』)、「香島天大神《かしまのあめのおおかみ》」をはじめ、『出雲国風土記』では「所造天下大神大穴持命《あめのしたつくらししおおかみおおなもちのみこと》」として大神の修飾語も壮大となる。

ところで、天照大神は、どのように外国語、特に英語で表現されてきたのであろうか。一般的には、Sun Goddess とか Kami of the Sun とされることが多いのではないかと思う。前者の訳語は、天照大神を「太陽の女神」とし、後者では神を翻訳せずに日本語のカミとするが「太陽の神」なのである。この訳語に異を唱える学者もある。原田敏明は、宗教信仰における神の性格の観点から、「天照」を「国照」などの表現と対比しつつ、それが太陽の神ではなく、優れた存在として、神のなかの大神、その神威を称えた表現であり、Glourious-Great-Goddess あるいは Great Glorious Goddess と訳されるべきではないかと指摘する(『神社』)。

「大神」のもつ意味

神話に登場する神々が、神名に表される機能的な観念から信仰対象となっていたのか、尊称・美称、またストーリーのなかでの固有名なのか、いろいろな理解の仕方がある。神名は多様に表現され、その固有性の由来にはそれぞれ意味もあろう。

しかしながら、実際の信仰場面においては、神名が強く意識されるよりも、カミとだけ認識されてもいる。ムラのカミといえばわかる社会単位がある。それがその社会を超えて対抗的に主張されると、カミガミのなかのオオカミとして偉大さを主張することもなされよう。その様相は、古代においても、ムラやクニ、ウジなどという社会単位においても共通するところがあったのではないかと思われる。天照大神も「伊勢」という場に鎮祭された「大神」という面を忘れてはならない。

選ばれし国、伊勢志摩
―神々との共生―

大神の宮

伊勢神宮。このように呼ばれることも多いが、正式にはただ「神宮」の二文字で表されるように、日本を代表する「大神の宮」として、伊勢の地に久しく鎮まってきた。皇室の祖神・天照大神《あまてらすおおみかみ》をまつる皇大神宮《こうたいじんぐう》（内宮《ないくう》）と食を掌る豊受大神《とようけのおおかみ》をまつる豊受大神宮《とようけだいじんぐう》（外宮《げくう》）を中心に、百二十三の別宮《べつぐう》・摂社《せっしゃ》・末社《まっしゃ》・所管社《しょかんしゃ》として区分される宮社を含む総称が「神宮」である。全国八万社の「本宗《ほんそう》」として特立した格式にあるとともに、「お伊勢さん」の親称で庶衆が訪れる森の聖地は、現代人の心を洗い、神々とともにある感性を呼び起こさせてくれる。

「とこしえ」の希求と「常」の磁場

七世紀後半から本格化する律令国家体制のもとで、伊勢は東海道の「大国」、志摩は「小国」に区分されていた。しかしながら、大和に都がおかれていた時代、青垣山を越え、日のさし昇る東方へと海が広がり、島々の集う伊勢志摩は、伊勢の大神の宮処《みやどころ》であり、海人の採る豊かな魚介類の産地として、「とこしえ」の憧れと結びついた理想世界でもあった。常世《とこよ》、常娘女《とこおとめ》、常若《とこわか》と、トコの響きがこの地を磁場のように集まっている。常世は、天照大神が伊勢の地を恒久の祭場として鎮まる契機となったキーワードである。常娘女は、伊勢の神宮に赴いた皇女への言寿《ことほ》ぎの表現で、常若は神宮で行われる祭りを説明する用語として導きだされた。そこで、これらの言葉を頼りに伊勢志摩の魅力を探ってみよう。

トコワカの感覚

「常若」の語は、中世以降から登場する言葉で、いつまでも若々しいことを意味する。現代社会で好まれる響きを持ち、遷宮《せんぐう》を説明する新たな用語として近年に登場した。伊勢の神宮では二十年に一度「式年遷宮」という大きな祭事が営まれる。これは、神々を祭る社殿をすっかり建て替え、殿舎の内外を金物や絹布類で飾るとともに、御装束神宝《おんしょうぞくしんぽう》を奉献し、殿内の新たな神座へ旧殿から「神儀」を遷し、再び恒常の祭りが継続される仕組みである。

神宮の祭りは、大きく（一）毎日、外宮の域内にある御饌殿《みけでん》という施設で食事が奉られる日別朝夕大御饌祭《ひごとあさゆうおおみけさい》、（二）毎年繰り返し行われる恒例祭典、そして（三）式年遷宮に区分される。（一）は、私たちが日々食事をいただき生活しているように、神々も食事を召し上がることで、まさに常在が確信される。（二）は数ある中でも重要な祭りが十月（もと旧暦九月）の神嘗祭《かんなめさい》で、新穀が供えられる秋祭り。（三）は、古く神嘗祭と同月同日に斎行されていた。これら祭りに通底することは、神々の恒久の祭場として神宮があり、祭りには御饌と称される食が欠かせない点である。

トコオトメと伊勢

伊勢神宮が国家制度上の展開を見るのは、壬申の乱（六七二年）を経たあとの、天武《てんむ》・持統《じとう》両帝の時代である。神宮に仕える「斎王《さいおう》」制度が整えられ、式年遷宮の開始もこの時代となっている。

斎王とは、天皇の「御杖代《みつえしろ》」として大神に近侍する未婚の女性で、初代は大来皇女《おおくのひめみこ》、天武天皇の皇女（母は天智《てんぢ》天皇の皇女）である。彼女は一年間の斎戒《さいかい》生活を経て天武三年に大和から伊勢へ旅立っている。さらに、翌年、十市皇女《とおちのひめみこ》（天武天皇皇女・母は額田王《ぬかたのおおきみ》）と阿閉皇女《あへのひめみこ》（天智天皇皇女、のちの元明《げんめい》天皇）とが「伊勢神宮」に赴いた。壬申の乱における勝利への奉賽として遣されたと考えられている。その節、侍従の「吹芡刀自《ふふきのとじ》」という女性が「波多の横山の巌」を見て詠んだ次の一首が『万葉集』に残されている。

河の上のゆつ岩群に草むさず常にもがもな常処女にて（巻一・二二番）

「河の上《へ》」は、川のほとりのことで、三重県の中勢部を流れる雲津川流域ではないかと考証されている。「ゆつ」という表現は、清新で神聖という意味である。その岩群れに水がかかり、草が生えないように、いつまで変わらない永遠の娘子でありたいとされている。吹芡刀自からすれば、若き皇女の姿を眼前にした気持ちであろうが、その根底には「常」

の地に鎮まる大神を訪れる言寿ぎと祈りが秘められていよう。

トコヨの波の寄せる国

神宮に仕える「斎王」のルーツとして関係づけられるのが、天照大神を伊勢の地に導き、「五十鈴川の川上」の「祠」を立てたという倭姫命《やまとひめのみこと》と神宮鎮祭伝承である。『日本書紀』垂仁天皇の巻には、倭姫命が諸国をめぐり、ついに「神風の伊勢の国は常世《とこよ》の浪《なみ》の重浪《しきなみ》帰《よ》する国なり。傍国《かたくに》のうまし国なり。この国に居らむと欲《おも》ふ」と大神より鎮座地を諭されたとしている。大和朝廷の勢力伸長との関係で議論はあるが、大神が「この国に居らむ」と発した重みは、恒常の祭場として揺るがせない聖なる規範性を示している。その背景を解き明かすキーワードが「常世」という世界観である。

朝廷の本拠から大神を離ち、伊勢に鎮祭されるためには大神の祭祀を委ねるに足る「信頼」が在地に必要であろう。それは政治力学上の問題よりも、精神文化のもたらす関係性と言える。古代より伊勢と志摩との国境は流動性が激しいが、両国は神宮を媒介として一体の地域性を有してきた。「御食《みけ》つ国志摩の海人ならし」（『万葉集』巻六・一〇三三番）

の歌に見られるように、志摩は「御食つ国」として、操業に携わるアマとともに中央に知られていた。その関係を紡ぎ尊ばれてきたのが「常世」より波の幾重にも打ち寄せる地域特性である。そして、海のかなたの理想世界を現実世界の祈りの場とされたのが神宮であり、永遠性を保障した伊勢志摩である。

時代は降るが、神宮の古記録『皇太神宮儀式帳』(八〇四年)には、大神が「朝日の来向かう国、夕日の来向かう国、浪の音聞こえず、風の音聞こえざる国、弓矢鞆の音聞こえざる国、大御意鎮めます国」として悦び大宮を定めたとある。朝夕の日を豊かに受け、波風の立たない、そして争いのない平穏な地という、古人の理念を具現化する「とこしえ」の場として選ばれた思いがこもる伝承といえよう。

外宮の由来と役割
——度会の大神の祭場——

外宮からはじまる

内宮《ないくう》の五十鈴川に架かる宇治橋を渡ると、神域へ入ったという印象を持たれる人も多いだろう。近代風の神苑を過ぎると、小さな小川にかけられた火除橋《ひよけばし》があり、手水舎、一の鳥居と更に参道は奥へ続いている。この火除橋の手前には、明治二十年の神苑整備にかかる移転以前、民家が立ち並び、明治初年まで御師《おんし》宅で神楽祈祷も行われていた。現在の私たちにそのイメージは想像しにくく、参拝者が踏む玉砂利の足音が聞こえる聖域となっている。

一方、外宮《げくう》の神域では、町の音と光、生活者の息吹が直接伝わってくるように感じるのは筆者だけであろうか。伊勢市の山田地区、かつて「度会《わたらい》の山田原」と称された地に外宮

は鎮座する。「お伊勢参りは外宮から」とアピールされる昨今、伊勢両宮への参拝は、外宮そして内宮の順であり来たった作法が勧められている。

神宮の年中祭典で最も重きが置かれている、神嘗《かんなめ》祭《さい》の宵暁《よいあかつき》の「大御饌供進《おおみけきょうしん》」の儀は、外宮が十月十五・十六日、内宮は十六・十七日の順である。また、式年遷宮の古儀における遷御の儀も、内宮で実施されてから、二年後に外宮で行われたが、その式日は外宮が九月十五日（旧暦）、内宮は十六日（同）であった。

外宮の正式名称は豊受大神宮《とようけだいじんぐう》、豊受大御神《とようけのおおみかみ》が鎮まっている。内宮は皇大神宮《こうたいじんぐう》で皇祖・天照大御神《あまてらすおおみかみ》がまつられている。明治四年（一八七一）の神宮制度改正が行われた翌年十一月、皇大神宮を「本宮」、豊受大神宮を「豊受宮」と略称が定められたが、外宮、内宮の通称は、現在もさまざまな場面で登場する。

内宮・外宮の称

神宮の古記録である『皇太神宮儀式帳』『止由気宮《とゆけぐう》儀式帳』(延暦二十三年〈八〇四〉)によれば、内宮は「天照坐皇大神宮」、外宮は「等由気大神宮」「度会宮」と表記され、延長五年(九二七)に完成した法典『延喜式』では、それぞれ「大神宮」「度会宮」として登場し、両宮をあわせて「伊勢大神宮」と公称されていたことが分かる。

内外両宮が対として表現され、「外宮」の称が史料上見え始めるのは、『西宮記裏書』醍醐《だいご》天皇・昌泰二年(八九九)九月八日条の「内外に参り奉幣」や『日本紀略』(十一世紀後半~十二世紀成立)の「内外宮禰宜」(天慶五年〈九四二〉四月十四日条)、「伊勢外宮遷宮神宝使」(長保四年〈一〇〇二〉九月六日条)等であるが、和銅五年(七一二)撰録『古事記』の古写本では、天孫降臨の条(上巻)に「登由気の神、此は外宮之度相に坐す神」とあり、「外宮之」は傍注が本文に混入した結果として、現在の古事記テキストでは省かれることが多い。外宮という呼称の由来は、学術上の議論がなされている分野でもある。

豊受大神の鎮祭

外宮の鎮祭について『止由気宮儀式帳』によれば、垂仁《すいにん》天皇（第十一代）の代に五十鈴の川上に鎮祭された天照大御神が、雄略《ゆうりやく》天皇（第十六代）の夢に現れ、自分は「一所でのみ居ること」は大変苦渋で、食事にも不自由であり、「丹波国比治《ひじ》の真奈井《まない》」に座す「御《み》饌都神《けつかみ》」である「等由気大神」を迎えたいと告げられた。天皇は大変驚き、すぐさま丹波国へ行幸し、度会の山田原に宮居を定めてまつり、御饌殿を造立して、「天照坐皇大神の朝の大御饌、夕の大御饌」を毎日供えるに至ったと伝えている。また神宮の古記録『太神宮諸雑事記』(平安末期撰）には、「丹後国与謝郡真井原」から御食津神を迎え、豊受神宮が創祀された時を雄略天皇二十二年七月七日とし、天照大御神が、自らの祭りの前に外宮の祭りを行うよう諭されたとする。なお、「比治の真奈井」については、『丹後国風土記』（逸文）にその由来が語られている。

これらの記事から、神宮の祭祀に関して三つの重要なことを知ることができる。一つは、山田原の宮は、天照大御神のミケツ神として丹波国から迎えられたトユケ大神の宮居であること。二つは、天照大御神へ食事を奉仕するために御饌殿が設けられたこと。そして三つは、大神宮の祭祀において外宮・内宮の順が定められた点である。いずれも天照大御神の夢告・託宣とされていることは、両宮並存の状況下で規範の根拠が示されたといえよう。

御饌殿の供御と由来

外宮と内宮の境内規模や建物施設は基本的に共通する部分とともに相違もある。東西二所の敷地、荒祭宮《あらまつりのみや》（内宮）、高宮《たかのみや》（外宮）という主祭神の「荒御霊《あらみたま》」をまつる別宮《べつぐう》の存在、また内院に立つ正殿と東西宝殿、唯一神明造《ゆいいつしんめいづくり》の建築様式などは同様である。一方で、神明造の外形的特長でもある天空へ延びた千木《ちぎ》の削ぎ方、屋根に置かれた鰹木《かつおぎ》の数、社殿の大きさや配置など違いが現れているところもある。

そうした中で、注目される相違は、外宮にだけ存在する「御饌殿」である。正殿の建つ瑞垣《みずがき》内ではなく、その東北隅、外玉垣《とのたまがき》と板垣の間にあり、掘立《ほったて》で棟持柱《むなもちばしら》等を持つ板校倉《いたあぜくら》（井楼《せいろう》）造で、大床へ昇るため一木を刻んだキザハシ（梯子）が用いられる。毎日二度の食事は、天照大御神、そして豊受大御神と相殿《あいどの》・別宮の神々合わせて六座へ奉られる。御饌殿の背後に忌火屋殿《いみびやでん》という神饌《しんせん》調理の建物がある。当番の神職の手により、毎日、御井《みい》の水を汲み、火鑽具で忌火を起こし、米を炊ぎ、塩水、海・里のもの、果物が丁重に整えられる。御饌殿には正面と背面に扉があり、供進時に両扉が開かれるのは、天照大御神が殿内の神座に著かれるためとされる。古儀によれば、供御を奉仕するのは大物忌《おおものいみ》と称する童女が役割を担ってきた。神聖の象徴である子どもの所役は、明治の改正まで続いていた。

御饌殿の由来について『太神宮諸雑事記』聖武《しょうむ》天皇の条に、神亀五年（七二八）のこととして、従前、天照大御神の御饌を外宮で調備し、内宮まで運んでいたが、非礼のことがあり、以降は御饌殿を新たに建立したとの伝えもある。その存在を、外宮の創祀と関連づけ考究した神宮学者の御巫清直《みかなぎきよなお》は、内宮における天照大御神のミケツ神の祭場が、外に離れ建立されたのが「外宮」で、それは御饌殿を指し、やがてそこで供される御饌の報酬のために豊受大神をまつる宮殿、現在の正殿が構えられたと説いている（『御饌殿事類抄』）。内宮そして外宮の創祀という流れの中での理解である。古来、外宮は度会氏、内宮は荒木田氏がそれぞれの祭祀集団として各宮の祭祀に与ってきたが、度会氏も天照大御神の祭祀を日々続けていたことは、伊勢の大神の宮の創祀に関わる重要な点であり、「外つ宮」の御饌殿を中心に据えた神宮祭祀の展開を考える上でも見逃せない。

外宮の山と御井

外宮の山田原は、内宮の宇治に比べて面積も広く、町場としても早く発展を遂げてきた。神域南方の高倉山には全国屈指の横穴式石室をもつ円墳（六世紀後半と推定）が存在するが、その被葬者は不明である。ただし、この地域に大きな力を有した古代氏族「度会氏」の存在が想定されている。

高倉山に連なる丘陵に藤岡山があり、その麓に、外宮所管社の上御井神社《かみのみいのじんじゃ》がある。社殿はないが、神霊がまつられ、式年遷宮の造替が行われる。ここは「天の忍穂井《おしほい》」とも称され、『神宮雑例集』（鎌倉初期編か）巻一「御井社事」に引用の大同本紀によれば、天上の「天忍石の長井の水」がこの井に移し加えられたとの詳細な由来が語られている。

神々への日々の食事にかかわる外宮は、伊勢の大神の日常生活の場でもある。そのことが宮域の中でも町の息吹を身近に感じられる由縁かもしれない。

地域神社で行われる造替遷宮
―ゾウクとムラの神々―

伊勢の神宮で式年遷宮《しきねんせんぐう》の遷御《せんぎょ》が斎行される前後の時期に、伊勢市および周辺地域の神社、またかつての神宮領（神戸《かんべ》・御厨《みくりや》・御薗《みその》等）に鎮座する社のなかには、社殿を造替する「遷宮」が行われる例が見られる。このことが気になりだし、本格的に調べることができないかと考えたのは、まず単純にこうした慣例がどの程度の広がりを示すのか、そこには神宮と何か特別の関係があるのか。また地域の神社が定期的な造替を行う意味、それが行われる時代、社会のなかで理解することを通して神社と地域社会の関係性の姿、さらに地域神社のこうした営みのなかに「遷宮とは何か」をあらためて考える材料が潜んでいるのではないかなど、いろいろな思惑からである。

こうした思いが生まれて来たのは、平成五年度の神宮式年遷宮の頃である。もちろんそれまでにも、三重県内、特に南勢・志摩地方の祭りや県内の神社整理のその後の様相について調査研究を手掛けていると、「今年は遷宮の年」とか「中遷宮《なかせんぐう》の年」などと神職や氏子の方々がおっしゃるので、気には止めていたが、もう少し全体像がわからないだろうかと知りたい欲がでてきたのは、やはり式年遷宮の影響が大である。

さいわい、平成八年～十年にかけて「伊勢神宮式年遷宮の総合的研究」という共同研究が、皇學館大学神道研究所を中心に、文部省（当時）の科学研究費の補助金をうけて行われることとなり、そのメンバーの一員として、筆者は同僚の斎藤平先生とともに三重県下の地域神社の社殿造替を伴う定期的な遷宮の実施状況を調査する機会を得た。

それは、県内神社八百二十五社を対象に、定期的造替の行われている神社から、十二項目にわたる質問について質問票への回答をいただき、基礎的情報を得るというもので、追加調査として再度、実施の有無をお尋ねし、併せて実地調査を試みたものである。結果的には二百九社での実施ということで、約二五％の神社で行われているとの情報を得た。

この結果が、多いか少ないかは、回収率の問題や他に比較する数値がないので即断はできないが、三重県内でも実施率の高いところと低いところとがあり、概ね神宮鎮座地の伊勢市及び周辺部と、一部、旧の参宮街道沿いの集落に多くみられるという傾向が見えてきた(『伊勢神宮式年遷宮の総合的研究　研究成果報告書』研究代表者・伴五十嗣郎　課題番号 08451078 平成十一年三月参照)。

こうした分布状況は、伊勢の神宮における式年遷宮の慣行が、周辺地域へと波及したことも十分に考えられるが、一方で旧伊勢国からいくつもの峠を隔てた西北の旧伊賀国、かつての名賀郡内（名張市・伊賀市青山町）でも実施率が高いという結果も現れ、単純な分布論では説明できない状況もうかがわれた。

旧名賀郡、中でも名張市では神社本庁傘下の神社三十一社（当時）全てで実施されており、その呼び方もゾウクと称され、一つの特徴を示すものであった。当該地方の神社社殿の形式は、春日造《かすがづくり》や流造《ながれづくり》が多く、伊勢神宮の影響下では神明造《しんめいづくり》が多いなかでは異質である。この点、さらに西方に隣接する奈良県東部の地域では、造替遷宮のことをゾウクと通称されていることや、社殿形式が奈良市の春日大社を代表とする春日造の神社が比較的多いことなど、二十年ごとに造替慣行の採られていた春日社の影響も考えられるところであった。

このような結果が得られだした時の平成十年四月、筆者は名張市に開設された皇學館大学社会福祉学部（平成二十二年伊勢キャンパスへ移転）へ赴任することとなり、それがきっかけで市内各所の神社祭礼や民俗行事の調査を行う機会に恵まれた。通い始めた最初に出会ったのが、滝之原地区の龍王宮という神社のゾウクであった。この地区は、生活単位として上出・中出・下出という三つのコバ（小場）と称する小地域に区分され、滝之原地区の神社といえば下出の国津神社を指すが、上出には龍王宮、中出には八幡神社という共同奉斎の社が存在している（『三重県祭礼行事記録調査報告書八幡神社の若子祭』（平成十五年、名張市教育委員会）。こうした状況は、明治末期の神社整理の影響によるが、龍王宮は、コバの集会所と観音寺が一体となった境内域の一画に鎮座する小さな春日造の神社である。定期的な造替遷宮に与かる慣例で、その営みは決して小さくはなく、コバあげての大行事となっている。

「遷宮行事」の全体は、「下遷宮」「造営工事」「上遷宮」「奉祝祭」から構成され、社殿造営に先立ち、神霊を別の場所へ遷す「下遷宮」、そして新造の社へ奉斎する「上遷宮」の様子は、当時、肌寒くなった夜の現場にいた者にとって、極めて神秘的でもあり、近寄りがたい雰囲気につつまれていた。神職の指示に従いながら、略礼服に白手袋とマスクを付けた役員の方々が、威儀の物や「お宝」と呼ばれる旧社殿に納められていた伝来の物を持ち、絹垣に囲まれた神儀を遷す御列の様子は、厳粛裡に執り行われる。そして翌日は遷座奉祝祭が斎行され、晴れやかな場が現出する。

その後も、こうしたゾウクの様子は、折あるごとに市内で体験する機会に恵まれたが、基本的な祭儀の構成や様相は共通している。各社に伝来の品々の内容は知り得ないが、それらの中には棟札が多数含まれていることが多い。各社の棟札については、『三重県神社誌 三』(大正十五年、三重県神職会)に紹介されているが、ゾウクを機に名張市では市史編纂の一環として、神社のご了解を得て精力的に棟札の記録化が進められている。

龍王宮での奉祝祭は、他の神社では「遷宮祭」とも言われるが、これらの内容がいささか特徴的で、既に神儀は「上遷宮」で新殿へ遷されているが、凡そ市内各地区の神社では、オワタリ・上棟祭という行事から成り立っている。オワタリとは、神職・造営委員・大工棟梁等工事関係者・子ども(稚児)達が、地区内のしかるべき場所(多くは造営委員長宅)から神社まで行列を仕立て、地区内をめぐるものである。そして上棟祭では神職や大工棟梁による上棟儀式とともに所役の子どもたちが木槌で棟木に擬した用材を叩く儀が行われる。それら一連の儀式が終了し、特別奉賛者などによる餅撒きが華やかに実施され、終日境内が振る舞い酒に酔いしれる人々で賑わいを見せるといった内容である。この日には、地区を出て他所で住む家族や親族が集い、二十年ぶりの交流を深める機会ともなっている。

上遷宮とオワタリ、上棟行事、奉祝祭などが一連のものとして行われるのであるが、このスタイルがこの地域の遷宮祭なのである。オワタリとは、こうしたゾウク時だけのものではなく、毎年の秋祭りでも宵宮に行われる儀式で、御幣《ごへい》等を捧持してトウヤ（当屋・祷家）から神霊を神社へ遷す形式をとり、隣接の奈良県地域でも見られるところである（辻本好孝『和州祭礼記』、昭和九年）。また子どもの所役で用いられた木槌が、玄関の軒下に掲げられていることも、名張市南部の奈良県曽爾村あたりで見かけたことがある。

地域神社のゾウクでは、本殿を新たに造替するには、費用的になかなか大変なことである。そのために、建物の補修や垣・鳥居・小宮・社号標の造り替え、社殿の塗り替えなど、廻ってくる時期の状況によりその範囲が選ばれるが、すべて新たに造り替えることが本来的かどうかは必ずしも明白ではない。江戸時代の棟札には「皆造宮《かいぞうく》」などの表記もあるが、まったく新造することを前提として、こうした行事を捉えることには慎重さが必要ではないかと思うところでもある。

さて、費用の点であるが、名張市の各社では、毎年の祭り（秋祭りが中心である）では、氏子の家ごとに家族数が「改め」（確認）られる。古い祭礼記録にはゼンカリ（膳狩）なども登場するが、祭の場で用いられる人数分の膳椀を集落が保有し、それを当番が借り出す慣例をとってきたことと関係する。いずれにせよ、毎年の「改め」は、氏子が供出する米や当番の田が保有されている場合は、その田から得られる米を以て餅が調えられ、それが各家へ人数分配られるとともに、家族は地区外に住む家族（これを外氏子《そとうじこ》という）へも、神社のお札とともに渡すという仕組みがとられている。今日、少子高齢社会のなかで、こうした慣行をとることが難しくなり、餅の代わりに米としたり、配分を地区内（内氏子）に限るなど縮小されるところもある。しかしながら、このような毎年の関係性の確認という積み重ねが、二十年ごとのゾウクの募財に機能してきたことも注目されている（このことについては、関沢まゆみ『宮座と老人の民俗』〈平成十二年、吉川弘文館〉で名張市黒田の事例が分析されている）。

伊賀方面の場合とは異なり、「旧伊勢国」地方の地域神社の遷宮について、平成五年の神宮式年遷宮の頃に調査したところとして、神宮の近傍では、度会郡御薗村（現、伊勢市）の御薗神社（王中島町）・上長屋神社（長屋町）・一木神社（小林町）、宮本神社（佐八町）・八柱神社（津村町）・高羽江社（東豊浜町）などがある。これらの地では遷宮のことを「御大儀《ごたいぎ》」と称している。神社の中には、昭和二十四年の神宮式年遷宮が、同二十八年に斎行されたことで、神宮よりも先に行われることとなり、神宮の古材を受ける慣例に与かることが無くなった神社も存するといわれる。一方、四日市市高角町の神前神社のように、神宮の遷宮後に外宮の鳥居古材を受けて定期的な遷宮が実施された（平成六年）例もある。高角町では、町内を奉曳車に乗せた御神木が廻り、「お木曳き」として大きな祭りごととなっている。

平成三年十二月に行われた度会郡大宮町（現、大紀町）野原の七保神社の御大儀も、今では印象深い行事である。この地は、明治期に一村神葬祭化した集落であるが、明治末期の神社整理では「七保村」の中心神社として、各字の神社が七保神社としてまとめられるという歴史をへている（拙著『地域神社の宗教学』平成二十二年、弘文堂）。

もちろん遷宮には当社に合併された各地区からも経費が寄せられるのではあるが、遷宮を機に旧来の社名「野原神社」の木製社号標が七保神社の社号石とは別に建てられた様子を見た時には、「ムラの神」とムラ人との強い関係に思いを馳せたところであった。

ちょうど、野原神社の遷宮奉祝祭の時に、近隣の大宮町金輪でも「御大儀」が行われていると伺い、その様子を拝見に出かけたところ、小さな社殿が新たに造営され、住民の方々が宴席を設けての歓談も終わりかけの頃であった。旧殿の用材はその場の暖をとる焚火としてやがて燃え尽きようとしていた。しかしながら、ムラの方々は、突然の闖入者にもかかわらず、自分たちの神様の遷宮について話をして下さった。

あれから二十年余を経過した。各集落での遷宮がどのようになっているのか気になるところであるが、再訪した地域神社のなかには神職の方々や神社総代・氏子の皆さんが、そのことに努力を傾けられてきた場面にも出あっている。その一方で、少子高齢社会の進行は一段と加速している。伊勢の遷宮を迎えた今、あらためて地域神社の遷宮とは何かを一つひとつ問いかける営みが課せられているように思う。

小さな伝統を支えるもの
──ムラの社の御遷宮──

遷御《せんぎょ》が斎行された神宮へ多くの参拝者が訪れるなか、神苑においては多種多様な奉祝行事が催された。中でも全国各地から奉納された神事・芸能は、静と動、古と今との豊かな内容で、伊勢の大神とともに見入る人々の心に、和楽の情感を呼び起こす契機となったであろう。伊勢の遷宮が各地に伝えられ、そして全国からこの祭りに対する応答が寄せられる様子を身近で見るにつれ、神宮の持つ求心力の強さには、あらためて目を開かされる。

そうした応答のひとつにムラの社レベルで実施される遷宮《せんぐう》がある。神宮のそれが歴史的に、規模においても「巨大な伝統」であるとすれば、ムラでのそれは比較的新しく、また関係する地域に限定があり、規模もささやかな「小さな伝統」といえる。こうしたレベルでの行事を「ミニ遷宮」と呼びながら、この二つの伝統文化が交差する様相を眺めてみたい。

神宮に倣う

昭和六十二年九月、長崎県大村市の富松神社では、社殿造営用の料材を搬送する「お木《き》曳《ひき》」が行われた。氏子青年会の方々が前年に参加した伊勢の御木曳き行事に倣って、自分達の神社でもと発案されてのことである。こうした伊勢の遷宮行事に倣う以外にも、地域神社の社殿が神宮に類似される場合もある。少なくとも近世以降ある広がりをもって多面的に神宮に倣うという事象が認められるので、以下には三重県の事例を主に提示しつつ、それらの一部を見ていきたい。

東海地方には、伊勢の神を勧請し祀った神明社が多いとされる。それらの地はかつての神宮の神領であり、特に鎌倉時代前後から増加しだす神宮の御薗《みその》・御厨《みくりや》の分布とも関連している。『神鳳鈔《じんぽうしょう》』には神領が千三百八十三か所、伊勢国だけで千七十七か所書上げられている。但し、これら神明社が基本的に神宮の社殿形式であったかどうか明確ではない。

三重県内の現時点における神社本殿形式を分析した早田知正氏によれば、総数八百十五社（平成四年）の内、神明造《しんめいづくり》とされるのが六百十社（七四・八％）となっている。そして、県内でも旧伊賀国に神明造は少なく、旧伊勢・志摩両国は反対に高率である。中世から現在までの歴史的変容を考慮すれば粗雑な表現となるが、神領の多さと神明社の数、そして神明造の形式率の高いことなどが相互に関係していると考えられる。但し、ミクロにおいては検討すべき課題が残る。例えば、明治初年に旧神郡内の神祠を巡った記録（『神三郡神社参詣記』）では、極めて神宮の社殿形式に近付いた様相の神社と、やや近い形式、そうではない場合などが見られ、神宮に倣うといっても均一ではない。

ミニ遷宮の実施についても同様で、当初は点として始まり、やがて面へと広がったのではないかと推測される。但し、どの程度こうした定期的な社殿造替の慣行があったか、なお明確ではない。明治四年に鳥羽藩が作成した志摩国の神社調書では二百五社中、定期的に造替を実施する社は百五十二社と高率を示している。

しかし村ごとに実施上の差が見られ、遷宮慣行の受容も一様でないことが窺われる。

ミニ遷宮の始まり

いつ頃からミニ遷宮が始まりだしたのであろうか。その創設が十一世紀を下らないとされる内宮の仁科御厨に建てられた仁科神明宮（長野県大町市）には、永和二年（一三七六）以来の二十年毎の造替に関する棟札があるとされるが、伊勢・志摩地方の神社の例でもなかなか状況を把握し難い。おおよそ近世中期頃より広がり出したとみられるが、明暦二年（一六五八）以降の棟札がある志摩郡浜島町の神社でも、当初は必ずしも二十年ではなく、後になって二十年目毎となっている。また鳥羽市の賀多神社には、承応三年（一六五四）以来の遷宮帳があり、二十一年目毎の造替が実施されているが、享保十八年（一七三三）の遷宮から神明造が採用された。これは神宮の古材を受けて造営を行ったことに関係している。

現在でも、伊勢市及び周辺町村の神社ではミニ遷宮の例が多く、神宮を中心として同心円的に密度の濃淡を示す一方で、神宮から離れた地域でまとまって行われる等の様子が窺われ、ミニ遷宮がある時期に一斉に開始されたのではなく、個別にそうした慣行が出来上がり、そして地域毎の影響関係においても広がるようになったのであろう。

神宮との仲介者

神宮と地域社会とをつなぐパイプ役として、かつて御師《おんし》と呼ばれる人々の活動があったことは広く知られているが、彼らは同時に地域神社のミニ遷宮にも関わりをもっていた。

文政年間の内宮長官日記には、鈴鹿郡安濃田村の御厨本宮の造替には正亀大夫を通じて、多気郡仁田村の佐奈神社では車館大夫を経て長官（一禰宜）と関係を有し、古材の撤下を受けるなどの例がみられる。内外両宮の御師それぞれが、師檀関係を結ぶ地域の社にこうした形で神宮を持ち込んでいたわけである。御師による活動が村落レベルでの伊勢信仰受容に、配札や祈祷以外においても多様に展開されていたことが浮かび上がってくる。

今日みられるミニ遷宮でも、遷御までに関連の諸儀式が営まれ、厳粛な祭儀が行われる一方で村民一同の楽しむ機会があったりと、遷宮そのものが住民意識を集約化する。一志郡香良洲町の香良洲神社では、御木曳き時に町内各地区から奉曳車が出され、華やかな衣裳をまとった木遣りの音頭に合わせる町の伝統的行事として盛大に実施される。

ここで、内宮《ないくう》の門前町として発展してきた宇治中之切町の山神社における近世の事例を紹介しておこう。文化七年の遷宮では、同所に住む内宮禰宜が古材撤下や遷宮式執行の指導にあたっている。造替は山田奉行所の許可を受け、木作始め・地鎮祭・上棟祭・清砂敷・神宝拝覧・洗清・川原祓・遷御・新社への献備（供饌）という次第で進められた。遷御当日は数十人の者が行列を形成し、鶏鳴《けいめい》三声による出御《しゅつぎょ》など、大方は近世における神宮の遷宮諸行事・遷御の儀に近付けたなされかたで、まことにミニ遷宮というにふさわしい様相を呈していた。もちろん当事者の町民にとっては真剣そのもので、この行事に対する熱意の程が諸場面に現れている。

また神宮の古材はまさに聖物として扱われ、切端さえも町役が責任をもって回収処理にあたっている。この例は門前町としての強い神宮との一体意識により整序された姿といえるが、神宮にできるだけ近付けようとの試みは他地域でもみられる現象である。

遷宮と名替り

こうしたミニ遷宮が当該の地域社会において行われる意義を考えてみよう。これは、遷宮がムラの生活とどのように関わっているかという面を検討することにより照射されてもこよう。神宮の遷宮のお白石持ち行事では「神領民」が、およそ七十余に及ぶ奉献団に分れ参加する。各団では諸種の意匠を凝らして行事を行うが、中でも木遣りへの関心度は高い。団によっては十歳の子供木遣り、二十歳の青年木遣りとして、各年齢に達した者が役を担うように定めている。これなどは、遷宮時と重なりあった一種のイニシエーションという性格を有していよう。

ミニ遷宮においても同趣旨の例をみかける。度会郡御薗村長屋の安永五年（一七七六）造替記録では、遷宮時に「当入り」「名替わり」が実施されていた。前者は、いわばムラ仲間へ加入することを意味し、後者は改名の儀礼で十年毎に実施され、特に二十年目のそれは「大夫名替り」と称して重視された。この両行事にあたり当事者は代金を支払い、その金員が遷宮費用に組み入れられた。このような事例は、遷宮が単なる社殿の造替に止まらず、その時が新仲間誕生の機会であり、また改名による新たなる出発の時といえる。それ故に、遷宮は定期的に行われるべき重要な祭であったと考えられよう。

最後に遷宮という慣行があることによってムラの神社が蘇ったという例も紹介しておこう。三重県は明治末期に激しい神社合併の嵐を蒙り、短期間の内に多くのムラ社会では身近な氏神鎮守社が喪われ、合併の中心神社へムラを越える崇敬心の集中化が図られた。ところが第二次大戦後に、かつての神々を再びムラへ持ち帰り、神社を再建するという行動が積極的に行われている。それらの様子を見ると、合併先神社の式年造替が迫ってきたことに合わせて、遷宮こそは自分達の神社で行いたいという要求が生じ、祭神を分祀して社殿を再建し以降定期的に遷宮を実行するという例が見られる。このような行動は、遷宮という伝統行事が契機となって、自分達のカミとは何かということへの覚醒がなされたといえよう。

以上、ミニ遷宮の広がりや歴史、その様相や意義を述べてきたが、神宮における大伝統が地域の文化に多様な面で交差していることの一端が明らかになれば幸いである。こうした交差の中において伊勢信仰が息付いているといえよう。

遷宮を迎える町とムラ
―伊勢地方の「神遷」―

明和九年（一七七二）の春、かねてより念願していた吉野への花見と『古事記伝』執筆のための飛鳥地方調査とを兼ねた旅行も終わりに近付いた本居宣長は、大和国榛原《はいばら》から、往路に辿った「阿保の山越」(青山峠）とは道をたがえて、「石わり坂」「飼坂」という難路の続く参宮本街道を通って松阪へ帰ることとした。「雨いみじう」降るなか「ゆくさきの山路のほどいかならんと」駕籠を進めた彼には、なお咲きの盛りの花もゆっくり心に感じ入りかねたようである。

榛原から「桃の俣」「菅野の里」(奈良県宇陀郡御杖村）を過ぎると、やがて伊勢国「石な原」へと到着する。時折り眼にする桜の外は「いづこもいづこも、ただ同じやうなる山中にて何の見どころもなかりし」というのが宣長の感想であった。

昭和四十五年の秋をいかなる旅立ちのよき年とされたのであろうか、大阪から神宮を目指して歩かれた『伊勢参宮本街道』(昭和四十八年、角川書店)の著者、吉井貞俊氏は次のように興味深い観察を述べておられる。

大和から伊勢への街道であるため、神社の造りが春日造から神明造へと変化する……それは本殿のみにとどまらず、境内の隅に鎮まる小さな末社に至るまで……これに対して、民家の方は、反対に平入造の建て方が、徐々に妻入の伊勢式住宅になってゆく

(同書、二一一～二一二頁)

と吉井氏が指摘されたように、車に頼ってはこのようにきめこまやかな発見は出来ないであろう。かつての洋行者にとって、数か月の船旅による寄港地ごとの異文化体験が、目的地へ到着した後の生活内容を豊かにさせたように、一足一足膚で体得された比較文化への視点は、私たちへ貴重な問題提起がなされている。

伝統が人為に消される？

平成五年は神宮の第六十一回式年遷宮《しきねんせんぐう》の遷御《せんぎょ》が行われる年である。同四年三月には両宮の立柱祭《りっちゅうさい》と上棟祭《じょうとうさい》とが滞りなく斎行され、やがては瑞々しい大神の宮へ神儀が遷られる季がやってくる。伊勢の町々では、明年の「お白石持《しらいしも》ち行事」を控えて、内院の御敷地《みしきち》に敷く白石を宮川より拾い集める行事もほぼ終了したようである。筆者の町内では、平成元年八月に「お白石拾い行事」を終え、稲荷様の鎮座する広場の倉庫に納められている。こうした状況は他の町内でも同じようであり、神社の境内に注連縄《しめなわ》を巡らせた箱や木樽を目にする。伊勢市街は明治末期に激しい神社合併が行われ、百社弱の無格社が十の神社へ統合されたが、それでも各町内には何等かの社や祠が祀られており、そうした聖所がお白石の奉安場所となっている。内宮前の宇治中之切町では新橋近くの旧山神社跡の石壇に瑞垣《みずがき》が設けられ、立派な手水石から清らかな水が渾渾と湧き出ている。

宮川に近接する出雲町のある方は、早朝散歩に出かけた節、河原で白石を見つけては町内の神社に納めると語っておられた。しかしながら、適切な大きさの白石を見出しにくくなっており、採集場所は徐々に宮川の上流へと遡行したり、前回よりも早く「お白石拾い行事」を実施するなど、世話係の方々の苦労も察せられる。上流域にダムが建設され、こうした人為的な構築物が、やがては伝統的な町内の行事を変容させないだろうかと気がかりな点もある。

人為的といえば、まもなく伊勢の町もその景観が大きく変わるであろう。槌音高く響く高速道路の工事音は、すっかり小鳥達のさえづりの声をかき消してしまった。「春されば鳥も来鳴きぬ」という風情があっけなく過去のものとなったことに「人の心」もどのようになるのか「そこし恨めし」の思いである。

ムラ〱でも神遷

しかしながら、心地良い槌音もある。ここ数年伊勢周辺のムラ〱では氏神様の式年遷宮が行われ、新しい社殿を建設する槌音が響いている。お伊勢様の場合は「遷宮」というので、遠慮して「神遷《しんせん》」とも表現される。三重県内ではどれ程の地域で行われるのか、また県外でもこうしたことがあるのかどうか、まだ手探りの状況で本格的には調べていない。旧神郡である度会・多気・飯野の三郡に相当する地域ではかなりの神社が神遷を行うとされており、また筆者もこれら以外の地域でも近世以来そうした慣行が継続されてきたことを見聞している。

平成五年の神宮の遷宮以前にムラの神遷を行うところもあれば、その後に予定されている場合もある。神宮では昭和四年・昭和二十八年・昭和四十八年と行われてきたが、昭和二十八年の遷宮は、二十年という式年の制からすると四年延引している。これには昭和二十年の敗戦に伴う諸状況の変化が大きく影響したが、ムラ〳〵の神遷が行われる年を見る場合に多少注意が必要となろう。おおよそムラの神遷は神宮の遷宮が終了後に行われる慣例であったと推察できるが、神宮のそれが昭和二十八年へずれ込んだため、昭和四年以後の神遷から数へて二十年という式年を守ったムラでは神宮よりも早くなり、神宮よりも後に行うことを重視した場合は、今回も遷宮に引き続いて神遷を迎えることとなる。実際の状況はさらに複雑であろうが、神宮の古材を賜って「宮建て」する慣行が続けられていれば影響なしとはいえない。

いずれにせよ、遷宮に倣って神遷が行われるという事実は、伊勢信仰受容の一形態として注目すべき様々な問題を含んでいる。

これからの研究対象

　何時ごろから、ムラ〳〵でも式年の神遷を行うようになったのか、また誰がその儀式を執り行ったのかなど、これらを明らかにする作業は随分根気の要する内容である。それは同時に神明造りの社殿形式が何時ごろから、どうした契機で、どのように広がるのかという点とも関係するし、村落レヴェルでの様々な伊勢信仰の実態調査（例えば伊勢講や常夜燈、道標などの有無からその内容分析まで含めて）の成果と重ね合わせながら明らかにすべきものであろう。

　神宮の別宮《べつぐう》・摂末社《せつまっしゃ》が神明造の形式を踏襲してきたことは推測できても、明治の制度改革以前には、例えば伊雑宮《いざわのみや》や神服織《かんはとり》・神麻続《かんおみ》両機殿《はたどの》、御塩殿《みしおでん》などは他の神宮所管の社に比較して建造物においても特殊な発展（内宮に近似した形態を志向）を示していたことが指摘されており（櫻井勝之進『伊勢神宮の祖型と展開』第五章）、これらがさらにどのように関わりあって来るのかという問題も見逃せない。今回行われているムラの神遷についてよく調べておき、さらにそれらの歴史を辿ることを通じて伊勢信仰、地域文化の比較研究を試みたいものである。

ムラ人との関わり

ムラの神遷といってもその内容は色々である。社殿に併せて社務所を新築する例もあれば、瑞垣や屋根の葺替えに留めるという場合もあるが、基本的には造替遷宮である。但し神遷への過程を通じてムラの人々がどのように関わっているのかという点に注視すると興味深い事象も現われてくる。昨年訪れたいくつかのムラ〳〵では、大概二日間にわたって神遷の行事がなされた。仮殿を設けて神儀を一旦お遷しする。狭いながらも古殿地《こでんち》を設けている例もある。白石を洗い清める湯を沸かす薪として社殿の古材を用いるなどの心がけもなされる。造営委員会が組織され、人員が必要な場合はすぐに応援できる体制がとられるとともに、何度となく「出会い」(共同作業）の召集がかかる。棟梁も信頼の厚いムラの大工さん。人々は出来上がって来る社殿を眺めては神遷の日を心待ちにしている。

行事が二日間の場合は、前夜が遷御で、次の日は奉祝祭というパターンがほとんどである。遷御に奉仕する人々はまず二見浦へ「垢離取《こりと》り」と称して潔斎《けっさい》に赴く。夕刻、白衣を

着して集まった人々は、召し立ての合図で、手に手に威儀の物を持ち、おごそかに絹垣で囲いつつ御船代《みふなしろ》を仮殿より本殿へ遷す。筆者には神宮の遷御の壮厳さに倣う傾向が強いように感じられたが、鶏鳴《けいめい》三声も緊張の中にどこか長閑である。

翌日は朝から夕刻まで、境内は祝い酒の香りが立ちこめる。ムラの人ばかりではなく、私のような他所者へも御馳走が振舞われる。それは理屈を越えたムラの喜びの日という状況である。餅撒きが行われ、特別の祝儀が入った福俵は奪い合いになる。カラオケ大会があったり、ムラの誇りとする芸能が奉納されたり、楽団の招待公演などの余興が催される。

遷宮を支えるムラの心

神遷の募財を担当された役員の方に伺うと、ムラを離れた人々から予想以上に奉賛が集まったという。息子や娘達がムラの外へ出ている場合には、親元を通じて奉賛への意志を確かめ、ムラから案内を直送したとのことである。親がムラの人々にお世話になっているという意識がある故かも知れないが、ムラを出た人々もその回路を再びつないだのである。どのようにコミュニティがまとまりを見せているのか、その結合の要因を見極め、対応の方法を考えた上でムラの神遷が行われている。そして氏神様の神遷によって、ムラ〳〵はその紐帯を強化し、再統合したといえる。

そうした体験の下では、「よみがえる日本の心」がムラの心とつながりを持つことができよう。ここに伊勢の遷宮祭を支える基底の一つがあると見ることは許されようか。

人さまざまの伊勢参り
――御師と抜け参り――

江戸時代の初期、安南貿易家として活躍した伊勢の商人に角屋七郎兵衛という人物がいる。晩年は安南（ベトナム）のホイアン日本町の頭領をつとめ、その地で六十三歳の生涯を閉じた。彼は松阪湊町の豪商の出であるが、先代はかつて神宮鎮座（外宮《げくう》）の地「山田」の外港、大湊で廻船業を営んでいた。

角屋家の遠祖が伊勢国の山田へ移った経緯に興味深いことが記されている。「松本家来歴之事」という史料によれば、同家の始祖である松本兵部元実は、信州松本郷の八幡宮神職であった。足利・上杉両氏間の争いの時代で、国中の動乱が息むことなく、そのことを慮った元実は、男子一人を、伊勢からやって来た人物に預けることとなった。そのくだりは次の通りである。

爰に毎年兵部御師に頼みけるハ、当国年々の合戦取合に而、親ハ子ニ離レ子ハ親ヲ捨テ目モ当テられぬ次第也、伊勢之国ハ太神宮在して静謐之国也、何卒二男ニ候七郎次郎を伊勢之国人ニ致し度段達而望みしかバ、御師何某得心して二男七郎次郎を携テ伊勢国江帰りぬ

（「松阪・ホイアンの交流の過去と現在(一)」『三重中京大学地域社会研究所報』一二号）

親子が敵対し合戦に明け暮れる世では、やがて「親ハ子ニ離レ子ハ親ヲ捨テ」という有様となる。昨今も似通った世相のようであるが、安心した世界に住みたいという願いは誰しもの思いであろう。この来歴に登場する「御師《おんし》」と「太神宮在して静謐之国」という語句に注目してみよう。角屋が世話になったのは、外宮の御師・榎倉氏という。

伊勢の「御師」とは、全国各地の檀那・檀家と呼ばれる人々と師檀関係を結び、神宮への祈願をとりもち、毎年お土産を携え「御祓大麻《おはらいたいま》」と称された神符・神札を檀家へ届け、彼らの伊勢参宮時には、自邸に止宿させ太神楽を執行、両宮参拝や二見浦・朝熊山など名所

神宮文庫の表門は外宮御師・福島みさき大夫邸の門が移築されたもので、「黒門」と通称される

を案内し、遊興接待を行なう総合旅行業者的存在とされる。

明治四年の御師制度廃止までは、内宮《ないくう》鎮座の地である宇治と外宮鎮座の山田、また遠隔地の別宮《べつぐう》、伊雑宮《いざわのみや》(志摩市)や瀧原宮《たきはらのみや》（大紀町）の地を本拠に活動した、伊勢信仰の担い手である。明治初年の記録には、内宮側御師が百九十戸、外宮側御師は四百八十戸とある。御師の名称は、御祈祷師・御詔刀師の略語と説明されるが、宗教的指導者としての僧侶を御師と称した例もあり、その転用ということも考えられている。

御師の発生については、神宮の祭祀を預る神主が貴族武門のもとへ赴き、神供の上納を受けるとともに、大神の加護を願う彼らの要請に応え祈祷活動を行なったことに始まるとされる。伊勢信仰が広まるにつれ、近世になると庶民の旅が一般化し、参宮のための便宜が図られ、宇治・山田は近世最大の巡礼地として発展を見た。江戸時代、通年の年には四十～五十万の人々が、「お蔭参り」の年ともなれば数百万人もの群参があったとされている。伊勢参りでは、旅に係る様々な仕組みが出来上がっていた。道中で多額の現金を持つことは危険であり、御師が保証する為替の発行、また伊勢で通用する「羽書《はがき》」と呼ばれた日本最初の紙幣の発行、旅行案内記の作成、街道宿場における提携旅籠の設定など、今日の私たちが旅する上でのサービスと遜色ないもので、そこには御師による営業努力のあとがうかがえる。

　初瀬街道を通り伊勢へやってくる途中に「阿保越え」という峠がある。伊賀国と伊勢国との境で、現在は青山峠というが、その伊賀側に阿保・伊勢路の宿場があり、往時の参宮ゆかりの品々や旅籠の家並みが残っている。阿保で長らく旅籠を営んでいた「たわら屋」伝来の品に参宮講の掛札が八十枚弱残されており、三重県有形民俗文化財の指定を受けている。各講が指定旅館として預け置いたもので、かつて建物の入口の壁や天井に所狭しと掲げられていた（写真・参宮講掛札）。

「日参講」「神明講」などをはじめさまざまな名称がみられるが、師職名が記されているものもあり、講結成の斡旋や旅行者への安心を担保する役目を御師が担っていたことがわかる。

参宮者のなかには、随分リッチな旅を行なったグループもあるが、家人や奉公先に黙って伊勢を訪れる人々もあった。こうした伊勢参りを「抜け参り」という。「お蔭年」ということで、短期間に数百万の群参現象が起きた、文政十三(一八三〇)年の奇異な出来事をまとめた『御蔭参宮文政神異記』(大神宮叢書・神宮参拝記大成)には次のようにある。

或所に老父母、若者三人住けり。老父は山へ柴かりに、老母は川へ洗濯に行き、若者は農作に出たり。老母思ひけるは、老父と息子とあれば安心なりとて、山より直にぬけ出たり。老父は老母めと息子と内にあれば気遣になしと、これも山よりすぐにぬけ出ぬ。息子は老父母留守せばたしかなりとて、畑よりぬけ出たりしに、三人はからず宮川に出合ひ、互に是は是はと一同よろこひあへり。若者のいはく、我は一日も早く帰国し、留守を守るへし、御両人は老境の楽しみ、ゆるゆると道中して帰りたまへと

　いひて、そこを別れ、若者は先に帰国しけり。

　三人家族がそれぞれに、誰かは家にいるだろうと思い、抜け参りをしたところ、伊勢神宮の入口にあたる宮川で出くわしたという不思議が語られている。息子が両親にゆっくり伊勢参りをさせたという孝行のことも語られているが、思い立ったが吉日と出かけたのであろう。

　着のみ着のまま「抜け参り」をした人々が、頼った先の一つに御師がある。文政十二年、十四歳のときに、親や知人に黙って江戸を出奔し、伊勢参りを果たした勝小吉、すなわち勝海舟の父親の自叙伝（『夢酔独言』）によれば、

　龍太夫と云ふ御師の処へいつて、江戸品川宿の青物屋大坂屋の内よりぬけ参りに来たが、かくのしだい故、留めてくれろといふがいゝ。そうすると向ふで張面をくりて見てとめる

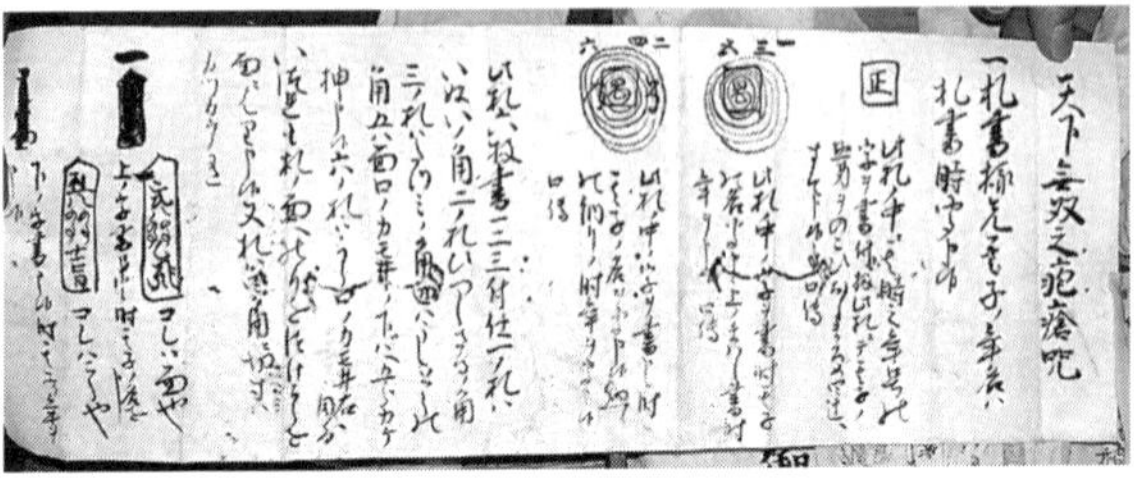

とある。道中、物を乞いながらの旅を続けた小吉は、山田の有力な御師である龍大夫のもとへ駆け込み、かく〳〵云々の次第を述べ立て、風呂に入り、たらふく食事をし、夜具にくるまれて寝るという「もてなし」を受けている。小吉は大坂屋の者ではない。彼はついでに小遣まで手に入れ退散したが、こうした状態の抜け参り者が多数訪れては、御師も大変であったろうと想像される。

　御師の役割は、基本的に大神宮と人々との間に立つ宗教者である。江戸時代のことであるが、疱瘡の流行時には送られてきた子供の着物切に病気平癒の呪的祈祷もしている（写真＝疱瘡平癒祈願の着切・浦田家資料）。

　祈願の内容は、武運長久・本領安堵・領内静謐・家内安全・子孫繁栄・五穀豊穣・諸願成就などさまざまあるが、その祈祷の証として「御祓大麻」が授けられる。これが、今日の「神宮大麻」となるわけであるが、所願を含め伊勢の大神のお蔭のもとにあることを自覚する「神璽《しんじ》」としてまつられている。

御師は、呪術宗教者的な性格を有する存在であるとともに、冒頭に紹介したような乱世をさけ安心の地へと人を誘う仲立ちを行ったとすれば、それは神宮鎮座の地がもつ深い意義に裏打ちされたものであろう。「太神宮在して静謐之国」とは、天照大神が鎮祭された由来に、伊勢の国は常世《とこよ》の波が寄せ来る「美し国」であると観念されたこととつながっていよう。

中世伊勢神道の書である『造伊勢二所太神宮宝基本記』に、人は天下の神物であり「静謐」でなければならない。そうであることにより人の心には神が宿りたまうとの言葉がある。それぞれの地域が「静謐」であり、人々の心が静まることで神々のご神威も弥々発現されることと理解されよう。

現代社会において、凍てついた人々の心が融けるには、「春めくや人さまざまの伊勢参り」(山本荷兮)の味わいが必要なのかもしれない。

「遷宮効果」への期待
―経済効果にみる「聖」と「俗」―

平成二十五年十月に皇大神宮《こうたいじんぐう》（内宮《ないくう》）と豊受大神宮《とようけだいじんぐう》（外宮《げくう》）とで「遷御《せんぎょ》」の儀が斎行された。ご正宮に引き続き、第一別宮《べつぐう》の荒祭宮《あらまつりのみや》・多賀宮《たがのみや》でも同月に行われた後、残る十二の別宮の遷御は、本年十月から翌年三月かけて予定されている。遷御を終え、伊勢の神宮では常々のとおり毎日、毎年の祭事が営まれており、お祭りに特有の一時的な熱狂や興奮の状態は静かになったかのようである。

しかしながら、「遷宮《せんぐう》の年」に神宮を訪れた人々の数が千三百万人を超えたという数値や、平成二十四年四月七日に開館の「せんぐう館」の見学者が、二年後の本年六月二十一日には五十万人を突破したというニュースを聞くと、この祭りが持つポテンシャルにあらためて驚くことが多い。第六十二回となる今回の式年遷宮への関心の高まりには六十年ぶりに

斎行された出雲大社の「大遷宮」と重なったことも大きい要素と思われるが、それにかかる情報がさまざまなメディアを通して発信された効果も少なくない。筆者も、雑誌・新聞・テレビをはじめ講演や研修会で、遷宮について、執筆し、語り、インタヴューを受ける機会が多々あったが、マスメディアからの接触には大きく分けて二通りがあったように思う。一つは「瞬時消費」タイプ、もう一つは「アーカイブ」タイプである。前者の最たるあり方は、映像番組に多く、担当の方々が、ほとんど予備知識や事前学習はなく遷御間近になって「おもしろい」ネタを探しに来るタイプ。後者は、何年も前から、自社の過去番組を検討するとともに、今回の遷宮について、さまざまな角度から調べ、情報を集めて後世へ残す貴重な記録化も視野に入れた取り組みを行うタイプであ

る。

番組制作にはそれぞれの方針があるので、いずれのタイプもあり得るし、「遷宮効果」という点では、短期・長期の両面で役割を果たしていると言える。旅・グルメ雑誌も、実際に伊勢を訪れる人たちの、その場のニーズに即した情報提供として、「正しい参拝」の作法をはじめ、神宮施設の紹介などつくり手の努力が見られる場合も多い。前回、第六十一回（平成五年度）と比較すれば、随分、多くのマスメディアが遷宮を取り上げたとの印象を持つが、今回の参拝者数激増の背景の一つには、こうした積極的な情報発信があろう。筆者はその手法や内容がミスト的、すなわち放水銃で強く人々へ当てられたのではなく、灼熱のなかでも居やすいように、さわやかな霧状にふりそそぎかけられ、それが遷宮熱に一定の清涼効果をはたしたのではないかと思っている。

ところで、「遷宮効果」と言えば、地元でもしばしば議論される内容は経済面でのこととなっている。それ故、遷宮後の観光客の落ち込みが心配であるとか、次の遷宮のために何か手を打たなければ等へと話題が集中する。確かに、この課題は観光地としての宿命であろうし、次々とイベントを打ち、集客の仕掛けをつくりあげることは死活問題につながるとの意識は強い。神宮だけが伊勢ではないという発言も見られるが、神宮と地元との関係は互酬的であるし、過去の歴史で関係性の強弱や濃淡が見られても、両者間の重要性を示している。全国各地において、神社と地元との関係には、少なからず互酬性が見られるが、それが継続されるためには、両者間の結びつき、協力関係、信頼性が必須となることは言うまでもない。神社側の考え方と地元の思いが平行関係で進んで行けば、そこに矛盾はあまり発生せず、問題も少ないであろう。しかしながら、「聖」なる領域に位置する神社の思いと「俗」なる領域にある地元の思いとの間にズレが発生すると、当該社会が緊張をはらみ、安定性を欠くことは、社会学や文化人類学の調査研究などからも縷々指摘されている。

特に、「聖」なる領域にあっては、経済効果への意味付けが先行されると「俗」との関係性に一歩身を引き、やがては門戸を閉じて固まることもあろう。一方、「聖」なる内部が経済効果を主張し出すと、「俗」なる世界からは違和感を持たれよう。むしろ競争原理にさらされて、神社本来の役割が失われ信頼をなくすことも発生する。聖俗混在が社会の実際とは言え、「人々日用の間にありて、一事として神道あらずと云事なし」(出口延佳『陽復記』）という認識に立つかぎり、両者の関係は、時々刻々と移り行く社会、しかも孤立社会ではなく、全体社会のなかに生きる者としては思慮深い対応が必要となろう。

さて、「遷宮効果」を、ここでは、①遷宮の基本的性格、②遷宮の主宰と国民奉斎、③造営、④伝統継承の四点で見たいと思う。①は、これが祭事の一環であり、祭場の更新という点を基本的な姿とする点である。かつて遷御の日が「神嘗祭《かんなめさい》」と同月同日であったことなどをうかがうと、神宮の恒例祭祀を基盤として遷宮は発展・展開した祭りであり、「遷宮のための祭事」というよりも「祭事のための遷宮」という基本的性格を見ておきたいと思う。遷宮がイベントではなく祭事であるとの理解が深まれば、神社祭祀、すなわち「聖なる世界の為されごと」という意味の浸透という効果をもたらしたことと考えられる。②は、遷宮の主宰は天皇陛下にあり、国民がさまざまな形で奉賛という形をとっていることへの意識の広がりである。今回の遷宮では三十三の諸祭・行事が行われた。それらのなかで、一般人が儀式に参列することは限られているが、宇治橋の渡始めや遷御の時、あるいは山《やま》口祭《ぐちさい》など、神宮域内で行われた祭事の時期に、その場に立つことで遷宮への参加体験をした人もあろう。

さらに、「お木《き》曳《ひ》き」「お白石《しらいし》持《も》ち」行事では、地元「神領民」だけではなく、全国から特別参加の人々の姿が今回も見られた。なかには海外の人々の受入を行った地元の町々が組織する奉曳・奉献団もある。こうした点では、祭りの体験というなかなか得難い機会の提供でもある。ただ、このような一時の体験が、今後どのような効果を及ぼすかの見極めは重要である。実際、「お木曳き」「お白石持ち」ごとに組織される町の団は、少子・高齢化により将来の担い手人数の減少不安、行事実施上のワザや心意気の継承問題は重い課題とも言える。そのためにも、行事後の記録化は、地道な作業であるが行う必要があろう。祭り・行事が終わると、それで事は終了したように思われ、なかなか記録が残らない場合が多い。

前回遷宮の町の記録、例えばどのような「木遣り唄」がうたわれたかなどを、取りまとめてアーカイブ化するような文化保存施策はこれまで行政側には見られない。こうした点で考えれば、一般論として、伝統文化継承の役割、あるいは地元との協働性が可能なのは神社と言えようし、その視点は失いたくないところである。このことは、長い目で見れば、文化を通した神社と地元との繋がりの再生となり、意識したいことである。遷宮後の振り返りを促す効果もあろう。

③の造営については、建築だけではなく、それに用いられる御料材育成という点への効果を期待したい。前回の遷宮では、まだ十分に使える料材を用いず、新たに森林伐採をするという点で、一部マスコミから批判が起こった。これに対して、今日的には、神宮の御《み》杣山《そまやま》を一つのモデルとする、植林・育成・活用伐採という長いスパンでの循環的取り組みに、重要度への認識が深まっている。こうした認識への転換には、神社界の熱心な訴えと実践活動の結果であるとともに、人々の森への関心の回帰という状況とつながった効果ということが出来よう。作家・三浦しをん氏の小説が、矢口史靖監督の手で映画化され、青春林業映画『ＷＯＯＤ　ＪＯＢ！～神去なあなあ日常～』として注目を浴びている。若者

が、森を知り、そこで働く人々の姿に引き込まれて行くプロセスは、山の神への信仰の意味を、若者に強く印象付けるのではなかと思う。遷宮の山口祭ともつながってこよう。

「鎮守の森」の重要性が自然保護だけではなく、人類思想の問題として認識されつつあることは、大きな「遷宮効果」と見ることができる。筆者の知る企業でも、遷御を奉拝されたトップの意識として、会社の施設全体を「鎮守の森」の視点で造りたいという方がおられる。このような広がりに貢献する活動も、他にはない神社の力強さではないかと考えている。

最後に、④の伝統技術の継承ということを考えておきたい。遷宮では、御装束《おんしょうぞく》・神宝《しんぽう》が八百種類、約二千五百点新調される。その調製については、古儀に基づく品であるのか、本様、材質、製作工程など近代以降は遷宮ごとに検証・確認されてきた。完成された品々を記録に留めておくことは可能であるが、それぞれが製作される過程での工夫や心の問題などは、やはり人から人へと、無言のうちに伝えられるものがあろう。特に神へ捧げられる品々であればなおさらのことと言える。御装束・神宝調製という最高技芸の粋が現れる世界への関心が赴くことは、経済的関心だけには留まらない、本物を超える聖なる物への畏怖《いふ》感情を促す効果をもたらすと捉えられよう。

遷宮のみならず、祭りなど「効果」の観点でものごとが議論される場合には、参加人数や収益という問題が云々されることが多い。組織体を「経営」する立場になれば、その視点は避けられないし、適切な指標のもとに検証がなされるのは必要である。一方、精神文化や信仰の問題と関わってくる領域には、量的な面での把握だけではなく、質的な把握が重視されるところでもある。筆者は、後者の方面で日常世界を知る役割を担っておられるのが、参拝者の来訪や氏子地域への活動の最前線に立つ地域神社の神職方ではないかと思う。個別的ではあるが、実際に一人神主として、あるいは地域の若者と必死に交流をされている姿を見ると頑張っていただきたいと願っている。その時に、経済面だけではない、対話を進める上での文化言語・共有語が、「遷宮」から導かれれば、最大の「遷宮効果」ではないかと思う次第である。

聖物の措置
―毀却・焼却・埋納・流棄そして存置―

師走の末ともなれば、門松や注連縄《しめなわ》など正月飾りを荷台に満載した小型トラックが、世古（狭い路地）を縫うように行き来するのが伊勢市内の光景であった。私の町でも顔なじみの老夫婦が訪れ、隣近所の家々に声をかけて廻るのが常で、私たちも品々を見定めたのち買い求め、迎春準備があわただしくなるという生活スタイルをとってきた。

これら正月飾りは、主に伊勢市西方を流れる宮川左岸地域の農家でつくられ、生産者は訪問販売だけではなく、毎年決まった街角に露店を並べたり、あるいは昔から歳末市の立つ蛭子神社の鳥居前など定まった場所での販売も続けられている。しかしながら、こうした光景も急速に変化してきた。数年前からは、家々を回る姿も見かけなくなり、山積みされたスーパーマーケットの店頭で、なれない手つきのアルバイトの若者から購入する様相

へと移っている。

ところで、伊勢地方の正月飾りには地域的な差も見られるが、門柱の両側に付ける「門松」や玄関扉の上部に飾られる「注連飾り」が普及している。「門松」とは、榊・松の小枝に藁を綯ったツボキが結わえられたものである。「注連飾り」の方は、藁を大根状に綯った注連縄に橙やユズリハ、裏白とともに、この地方では表に「笑門」と大書した、あるいは中央に「蘇民将来子孫之門」、その両側に小さく「七福即生」「七難即滅」と書かれた門符（木札）が付されたものである。門符の裏面には星型のセーマンや縦横九本の線をひいたドーマンが描かれている。今日では、この「注連飾り」が伊勢の民俗的な土産物として販売品目に加わるようにもなってきた。

注連飾り

正月飾りは、大晦日前には飾りつけられ、松の内はそのままで、あとは「注連飾り」を除いて取りはずし、神社境内や町内の広場、辻にあたるような場所で焼却される。これをネビヤキと称して子の日に実施するところもあれば、小正月（十五日）、正月の神事（ジンジ：獅子舞行事）でという地域もある。町によっては防火訓練を兼ねて行われるのも、地域の防災組織の再生化とつながる動きとして関心がもたれるところではある。また、この時に古い「注連飾り」も一緒に焼却される。すなわち、伊勢地方では玄関先に「注連飾り」が一年中飾り付けられており、これがまた、「お伊勢さん」（伊勢神宮）の門前町として発展してきたこの地の特色として、アピールされることとも関係している。

筆者のように他所から移り住んだ者にとっては珍しい光景ではあるが、一年間飾りつけておき、そして古くなったものを焼却するという風習は、聖物処理という観点で見ると興味のそそられる研究テーマでもある。祭りや儀式に使用されたもの、あるいは儀礼の一場面で聖物が焼かれることは、ドンド・左義長をはじめ種々の民俗行事として見られよう。

ただし、もう一つの一年間飾り付けておくということはどのように理解すればよいのか難問でもある。

「注連飾り」を年中飾り付けるのは伊勢市内だけでもないが、古くなったものを毎年新品に「交換する」行為として見てしまうと、聖物への対処が一面的な捉え方に終わるような印象も持つ。この地域の例ばかりで申し訳ないが、大根締めタイプの「注連飾り」が主流となってくるなかで、家によってはこうした飾りをせずに、注連縄タイプのものを、毎年、張り重ねて行くという場合がある。十数本ものそれが見られる家は、年寄りの方がいらっしゃるのだろうと見当をつけることもあるが、このような家では不幸事があった時に、注連縄を結わえた片方を切って垂れさせてしまい、年が改まると全てを取払って再び張り重ねられて行く。これとても、世代がかわると慣習も変化し、大根締めとなった例も何度か見てきたが、何れの正月飾りを掛けようとも、毎年必ずという場合と、死者が出た場合ということでは両者間に「交換」する契機や期間に差はあるが、共通点もあるのではないかと思う。すなわち、飾られたもの、あえて言えば一旦使用を開始した聖物に対して、積極的にそれを処理・措置するのではなく、そのまま触れずに置くという消極的な対処・対応の仕方が存することを示していよう。

聖物の措置・埋納

聖物がどのように処理されるかについて、神社での神事や祭礼などで用いられた物の事後措置をとってみてもさまざまであろうが、従前の指摘などを勘案すると、毀却（壊却・破却）・焼却・埋納・流棄・分配・存置という方法が見られる。またこうした措置は、それぞれが独立しておらず、祭具を毀してから焼却されるように一連の流れとして行われることもあり、相互に関連している。

今、思い出すところをいくつか掲げてみれば、神霊を奉斎する施設や表象物を「毀却」する場合がある。奈良市春日大社の若宮御祭《わかみやおんまつり》では、御旅所《おたびしょ》に設けられた黒木の行宮《あんぐう》は祭礼後に撤去され、いつまでもその姿をとどめることはない。愛媛県北条市の国津比古命神社・櫛玉比売命神社の「風早《かざはや》の火事祭《ひのことまつり》」では、毎年新しい神輿を作り氏子地域内巡行ののち、最後にそれを神社境内の石階上から下へと勢いよく突き落とし毀すこととなっている。

埋納については、祭具や神饌などの類がある。島根県太田市の物部神社では小豆飯の高盛り神饌《しんせん》が土中に埋められる。儺追人（神男）が登場する愛知県稲沢市国府宮の尾張大国霊神社の儺追神事《なおいしんじ》（国府宮のはだか祭）では、この祭りに参加する厄歳の裸男たちが神社に集まり、忌籠《いみごも》りをしていた儺追人《なおいにん》に厄を付そうとして熱気に包まれる。江戸時代の記録によれば、その年の恵方の行路人を捕捉し一国の厄を負わせて追い払うとも出てくるが、神事の最終場面では「土餅《つちもち》」と人形《ひとがた》を背負った儺追人がひと知れずそれらを捨てに行き、さらに神職の手で埋納される。

流棄としては、大祓行事で息を吹きかけた人形や幣を川に流すことが行われるが、伊勢地方では新春に行われる獅子舞行事で、災厄を村外へ追いやる所作が秘密裏に行われ、御幣《ごへい》を村はずれの川・海へ流棄されていた。

分配というのは、奉納物や祭具・神饌などを所役の人達や構成員に頒賜されることであるが、三重県伊賀地方の名張市や奈良県の宇陀郡などで行われる神社の造営にかかる上棟祭では、儀式に用いた木槌を役目の者が受けて帰り、玄関に飾り付けられている場合もある。こうした措置・処理もさらに聖物の行方を追うと、あとは適宜に任されるのでわかりにくいことになるが、環境汚染問題の観点から、野焼きや川海への流棄が禁じられ、処理の方法にも変革が生じていることも確かではあろう。行為者側の理由だけではなく、外部の規制や影響による「聖」観念の変容ということも起こっているように思われる。

神宮の式年遷宮

さて、伊勢地方では、本年（平成十七年）が伊勢神宮の第六十二回式年遷宮《しきねんせんぐう》の本格的な準備開始時に当たるということで、いろいろな動きが見られる。この祭儀は、二十年ごとに内宮《ないくう》・外宮《げくう》の正殿以下の建物を造替し、神儀（御神体は御樋代《みひしろ》・御船代《みふなしろ》と称される器に納められている）を新正殿に遷し、ふたたび神宮祭祀が続けられるもので、「悠久二千年の時を超え今もなほ清々しい神気漂ふ伊勢の神宮の『甦り』のお祭り」（月刊『若木』六五八号付録）とも紹介されている。

社殿の造営には「御料材」として大量の檜材が必要で、大半は木曽の山で伐採され神宮まで運ばれてくる。伐採を開始する起点は内外両宮域内で行われる山口祭《やまぐちさい》で、本年五月に予定されている。その料材が運ばれる過程で「神領民」といわれる地元伊勢の各町内単位で結成される「お木《き》曳《ひ》き」奉曳団がかかわりを持つ。「外宮領」の町々ではお木曳き車に乗せた料材を外宮宮域まで運び、「内宮領」では橇に乗せて五十鈴川を遡上し内宮宮域へ搬入するもので、現時点では約八十弱の奉曳団結成が見込まれている。一日神領民として他からの参加者を受け入れることも第六十回遷宮から始まり、地元では経済効果への期待度も高い伝統行事と見られている。

式年遷宮の重要場面は、平成二十五年（二〇一三）に予定の「遷御《せんぎょ》の儀」であるが、遷宮の起源、歴史的変遷や祭祀の内容、建築・美術工芸に関わることから、その性格や意図など、制度的・文化的にも多方面からの関心がもたれ、これまでにも膨大な著述があり、また気運の高まりとともに色々な言説がなされるであろう。また、神宮という存在自体が国家制度との関わりにおいて、皇位とともに継承される皇室用国有財産である神器(御鏡)を祀る施設という性格を、どのように位置づけるかという問題に遷宮が連関することも注目されるところである。

なぜ遷宮がおこなわれるのか、また何故二十年に一度の営為となっているのかという設問は、繰り返し行われるが、決定的な結論の出しにくい問いかけとなっている。遷宮実施については、中世の中絶期（この時期は仮殿遷宮が行われている）を境に、それまでは神宮の秋祭りともいうべき神嘗祭《かんなめさい》（旧暦九月）と同日であったものが、再興後はそれとはずれて行われだしたことなどから、祭儀の前段として祭場を新たに整える大掛かりな営為である「祭典遷宮」から、建物の更新が主眼となる「造替遷宮」へと観念が変化したともいわれている。そしてこれを敷衍して遷宮の基本的性格を「大神嘗祭」と見る祭祀論や、あるいは「更新」という営為に観点をおいて「甦り」「天地浄化」の祭儀などとの意味付けがなされている。

また、二十年という年限についても、制度的発生過程やその根拠のありどころの追究は、なかなか解決へと至るところではない。遷宮の制度的確立にかかわる時代とされる天武《てんむ》・持統《じとう》朝における聖数観念、あるいは律令条文に見える米穀保管年数、さらには世代交代や技術伝承間隔の妥当性など、どのレベルの説明や根拠の提示で納得するかにかかっているようである。

御装束・御神宝

ところで、遷宮では建物の造営ばかりではなく、神々の御料とされる「御装束《おんしょうぞく》・神宝《しんぽう》」

が奉られる。これらは天皇の奉献物という位置づけにあるが、その内容は衣装・履・櫛・硯・紡績具・鏡・火鉢・刀剣など相当数にのぼるもので、材料の確保から製作技術の伝承に至るまで、現在では目の離せない領域ともなっている。

しかも、二十年ごとに「新調」されるわけであるから、過去に奉献されたものへの措置が発生する。神宮における聖物措置については破却・焼却・埋納・頒賜という方法があるとされる（中西正幸『神宮式年遷宮の歴史と祭儀』）。「焼却」については、「子良放《こらはなち》」といって、物忌《ものいみ》職の童児解任時に着衣が焼かれたり、また奉幣《ほうへい》の「宸筆宣命」は奏上後ただちに破り裂いて焼き上げられる例がある。神宝類は焼却される物もあるが、「埋納」という方法もとられていた。今も神嘗祭に新調される土器類は一年後に「破却」↓「埋納」となる。「頒賜」には神饌・祭器・幣物《へいもつ》が神職たちに分配される慣例がある。

なかでも、「破却」の大掛かりなものは、正殿以下の建物群である。これは現在も行われているが、神宮にゆかりの神社や要請のあった場合に、慣例あるいは特別「下賜」されることとなっている。例えば奈良県宇陀郡の篠畑神社や三重県上野市の神戸神社では、神宮の鎮座伝承に関わる由緒もあって、特定の古殿を受けることとなっており、二十年ごとにその料材を以って遷宮が実施されている。また、江戸時代の記録によれば、内宮鎮座の伊勢市宇治の町では、山神を祀る社の定期的な造営に当たり、町内に住む神宮禰宜の世話により古殿の料材を受け取るが、それを加工したときに生じる木屑が方々へ持ち去られないよう、管理から最後の処置までを詳細に決めて事に臨んでいたような場合もある。

遷御と古殿地

遷宮では、現在建っている正殿に隣接する土地に同規模・同状態で殿舎などが建造される。この地を「古殿地《こでんち》」とも称しているが、「遷御」後の旧殿（古殿）、すなわち神儀が遷されたあとの建物の措置については論議がある。現在は、明治二年（一八六九）遷宮後の同五年の壊却の制により、建造物類は一年以内に撤去され敷地は更地となるが、こうした措置の方式は古例ではなかった。

本年は「遷宮元年」として山口祭が行われること前述の通りであるが、遷御は八年後の平成二十五年である。これは諸準備の整い具合から早められることとなった経緯があるが、神宮の古記録である『遷宮例文』によれば、山口祭（十七年孟冬）・木造祭（十八年仲秋）

・鎮地祭（十九年仲秋）・遷御（二十年季秋）という「首尾四年」の営為であった。実際の造営が開始されれば建物は当然撤去されるが、過去の関係史料を詳細に検討した研究によれば、旧殿は遷御後すぐに壊却されず、鎮地祭が行われる前まで存置されたのが本来のあり方とみられている（牟禮仁『大嘗・遷宮・聖なるもの』）。すなわち、参詣者が訪れる現正殿に並び立つようにして旧殿が存置されている光景が長らく続いていたわけである。

ちなみに、正宮を訪れると内庭の中重《なかのえ》鳥居の両脚元に「八重榊」と称される紙垂《しで》を取り付けた榊の一群を拝見することができる。これは元来、神嘗祭の儀式に用いられた「太玉串《ふとたまぐし》」にルーツがあり、古式では瑞垣《みずがき》御門《ごもん》前の地面に刺し立てられ、翌年の神嘗祭まで存置されるものであった。現在の「八重榊」は年間二十五回さし換えられるとのことであるが、枯れたままでの存置が憚られるとの清浄観が窺われよう。

それはともあれ、旧殿が長らく「存置」されていたということは、「聖物」に対して破却・焼却とは違った態度や観念が流れているように思える。「聖物」を毀却・焼却することは、眼前での積極的な脱聖化といえようし、埋納・流棄・分配は積極的に見えなくさせることで脱聖化が図られているとも考えられる。それに対して「存置」は、いわば「朽ちるに任せる」といった自然消滅を待つような態度である。それでは、聖物に対して責任がないように思えるが、手を触れないことにより聖性が保持されているという観念が窺われる。「聖物」措置の実態は、簡単に整理して捉えるには複雑な様相を呈しているようである。いったい「存置」の背景には、どのような宗教的観念がかかわってくるのだろうか。その探索は、大祓の詞に登場する罪の最終的な行方が霧散すると述べられているように、五里霧中のただなかに居るような感じがする。

お木曳きとお白石持ち
―祭りのための遷宮―

お木曳の印象

本日は、「お木曳《きひ》きとお白石持《しらいしも》ち」というタイトルで話しをさせていただくわけですが、私にとりこの二つの行事は伊勢に住むようになって特に印象深いものなのです。と申しますのは、私が伊勢での生活を始めましたのが昭和四十二年で、ちょうどその時「お木曳き」を経験することができたわけです。前回の御遷宮《せんぐう》(第六十回)では、昭和四十一年について、四十二年が第二次の「お木曳き」ということだったと思いますが、まだこちらへ来たばかりで東西南北がよくわからない時に、先輩達に引率され宮川へ行ったことを覚えています。

しかも、「御遷宮」という言葉さえ耳新しく、さらに参加する行事がどういった内容なのか、一体それがどのような意味を持つのか、またそのいわれは何なのかもよくわからないまま、ただもう冷たい川の中へ入って、二手に分かれて一所懸命に綱を引張るばかりでした。

そうする内に宮川の土手を御用材が上がり、一方のグループは川原に残り、もう一方は陸《おか》の方にいて、両方から、それはもう非常な勢いで引張り、ゆさぶりあう。土手を境に、行きつもどりつしながら何度も拮抗し合う。そうして皆の興奮が最高に達した時に、これで無事に御用材が上がりましたというわけで一息つくわけですね。そのあとはこの木を「お木曳き車」に載せて、中島・浦口・八日市場の各町を通って、当時はまだ現在のように道路が広くありませんでしたので、狭い所で綱を押し合ったり、大声を上げて走ったりして外宮《げくう》まで納めに行く。行事の最中は、もう疲れなんか忘れて一心に、またまだお互いに良く知らない同級生がすっかり解けあって事にあたる。何か不思議な世界に自分が存在していたようで、今も鮮明にその時の記憶が残っています。

二十年のサイクル

「お木曳き」の後、遷宮の一環をなすさまざまな行事がありました。たとえば、宇治橋の渡り初め、そして遷御《せんぎょ》の儀が行なわれた昭和四十八年には「お白石持ち」という再び市民こぞっての賑いなど。その都度これは勉強しなければいけないんだと思いながら、どうも実際に祭りに参加しますとその時の興奮だけが強く脳裏に残って、ああ楽しかったというだけで終ってしまい、多少は伊勢の住民であるという自覚は持つようになったのですが、本当のところ不勉強のまま打っちゃっといたわけです。そうしたところ、今回、本年（昭和六十年）が「遷宮元年」というわけで、大学でも遷宮に関する講座を開くことになり、「お前も『お木曳き』と『お白石持ち』について多少勉強しろ」というおしかりを受けることになったわけです。

この二つの行事を体験したというだけでここに登壇しているわけですが、そういうことになれば、むしろここへおいでの皆さん方のがお詳しいわけで、新しくお住いになった方の中には今回初めて経験するという方もいらっしゃいましょうが、二回目、三回目という方も随分多いのではないかと思います。皆さん方には「お木曳き」そして「お白石持ち」という行事についての深い知識と、そして長い体験の積み重ねがあるわけで、私などの及びがたい面をもっておられる。ですから、これからお話しする内容も、大きな行事を迎えての準備体操代りぐらいにお聞き下さって、お互いに少しでも確認できることがあればと思う次第です。

ところで、幾人かの方々とお話しをしておりますと、「もう『お木曳き』がやって来たんだ」という言葉をよく口に出されます。

すなわち、伊勢に住んでおりますと「お木曳き」あるいは「お白石持ち」というのが、一つのサイクルになっている。必ず巡ってくる行事である。そういう単位の中でものごとを考える、とらえていくという素地があるのではないかと思えるのです。ですから、一般に人生六十年で還暦と申しますけれど、伊勢にとっては二十年が還暦だというような見方もできるんじゃないかと、考えているわけです。そこで今日は、こうした「お木曳き」と「お白石持ち」の歴史を中心に、そして現在の状況をも少しお話しして、巡り来るこの行事の本質的な意味を少しでも理解できれば幸いだと思います。

御樋代木の奉曳

それでは、身近な、ごく最近の体験ということから考えて行きたいと思います。この六月の十・十一日、ご承知のように、御樋代木《みひしろ》の奉曳式が行なわれたわけですが、この行事

御樋代木奉曳式（皇大神宮）

を伊勢だけで見ますと、度会橋《わたらいばし》上手から外宮までお木曳車に乗せて奉曳する「陸曳《おか》き」と、内宮《ないくう》の方ですと、五十鈴川の川下からお木を橇《そり》に乗せ風日祈宮《かざひのみのみや》橋まで行って、そして五丈殿《ごじょう》へお納めする「川曳き」といわれる形になっているわけです。しかし、この御神木と言われる御樋代木が、どこから来るかということに、少し目をやってみますと、次の図のような次第で来るわけです。

山口祭が五月の初旬に行なわれましてから、もう一度これは御杣始《みそまはじめ》祭というのが、六月の三日と五日に、表木曽・裏木曽で、それぞれ行なわれました。そこで伐られた御神木が、表木曽の方は長野・愛知両県を通り、そして裏木曽の方は岐阜県、途中愛知県を通るわけですが、三重県で合流してこちらへやって来ます。

御神木の奉迎

【表木曽】

御杣始祭
（長野県木曽郡上松町）
｜ 60.6.3
上松町（6.4～6.6）
｜
犬山市大県神社（6.7）
｜
一宮市真清田神社（6.8）
｜
木曽川大橋

【裏木曽】

御杣始祭
（岐阜県恵那郡加子母村）
｜ 60.6.5
付知町（6.6～6.7）
｜
八百津町錦織（6.8）
｜
木曽川大橋

木曽川大橋
｜
桑名市桑名宗社（6.9）

【内宮】

内宮宇治橋前（6.10）
｜
風日祈宮橋
｜
五丈殿

【外宮】

津市三重縣護國神社（6.10）
｜
度会橋（6.11）
｜
外宮北御門
｜
五丈殿

お斎い木

ところで、この御樋代木と言うのは「お斎《いわ》い木」とも称しておりますが、御樋代木というのは御神体をお納めする器の意味です。一方の「お斎い木」は「斎」を「祝」と書く場合もありますが、どちらかと言えば、「斎」という字の方が意味的にはより理解しやすいように思います。

この「斎《いわ》う」と言うの

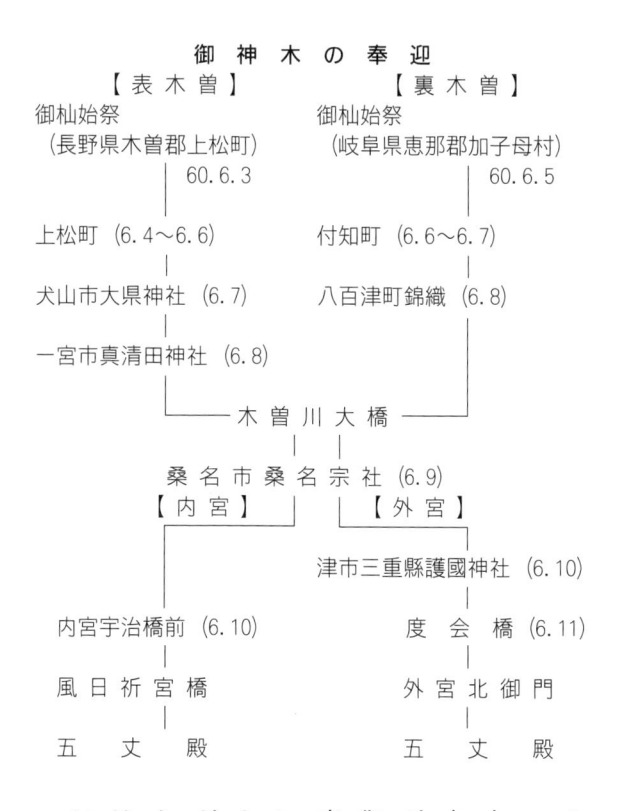

御杣始祭

は、神聖なものとして「忌み慎む」、あるいは万葉集に出てきます「斎児」のように、「非常に大切にしている」、という意味を持っています。神木がそういう言葉で呼ばれているわけです。ですから一方の呼び方は神祭りの具として、もう一方の方はそれに対する態度・情感というものをもって呼ばれる木であるわけです。

さて、この「お斎い木」を伊勢の方へ運んで来る。このような行事になったわけには、この御神木を一体どこから伐り出すかということとも関係があるわけです。現在ではこの御神木は木曽の山、これは御神木だけに限らず、遷宮のさまざまな用材は木曽の山から伐り出して来られる。その木曽の山というのは、近世には徳川幕府の手厚い庇護の下、丁寧に、大切に守られてきた木ですから、たとえば木曽の方では、「檜一本

御樋代木奉迎祭（愛知県・星天明社）

首一本」と言われたように、盗伐に対し非常に注意しておりました。ですから黙って木を伐ったら厳刑が課せられる、そういう大切な木の守り方をされてきました。そうした中でもさらに、この「御樋代木」として、この神宮の遷宮に非常に大切なものとして、選ばれて来るわけです。向うの土地の方へ実際に行ってみますと、見立ての済んだ御樋代木には注連縄を張ってありまして、中には一緒に写真を撮ったところが写っていなかったというように、神異性が現在なお語られるというほど大切にされている木であるわけです。

御杣山

さて、この御樋代木が伊勢の方へ来る話につきましては、その前に少し御杣山《みそまやま》の話からさせていただくのが良いかなと思います。御杣山とは材木を伐り出す山をいうわけですが、元来遷宮に必要な用材はすべて、内宮の裏山あるいは外宮の裏山の方で調達されていたわけです。ところが長い間の使用によって、段々調達することが困難になってまいりました。それは、二つの理由があると思います。一つは、やはり何度も伐っていくうちに大木が少くなってくるという問題。もう一つは、遷宮の行事内容が時代を経るにしたがって大きくふくらんできている。当初に比べてさまざまなものが加わってきていると、そういうことにも関係すると思います。

新宮のご用材

このさまざまなものと申しますのが、まず『皇太神宮儀式帳』に、二十年のうちに一度、新しい宮に神様をお遷しするということになっておりまして、それでは新宮とは何かといえば、『延喜太神宮式』に遷宮で実際どの用材をどういうところに使われるかということが載っています。それによりますと、まず正殿、それから宝殿、そして外幣殿《げへいでん》という、この三つの建物につきましては、新しい用材を使います。その他の諸院につきましては新旧通用する、というふうに出ておりますから、神宮七院と十二処の社を併せても近時の状況、たとえば昭和四十八年の第六十回遷宮では、内宮・外宮の御正殿及び東西宝殿・外宮御饌《みけ》殿と以上を囲む四重の垣、門、鳥居、十四所の別宮と合わせて二百二十か所の建物、施設が新しい状態で建築されたということになっていることと比べてもその違いがおわかりいただけると思います。

宇治橋の造替

また次回の御遷宮でも宇治橋の造替が予定されていますが、この宇治橋の造替と遷宮とが機を合わせて行なわれるようになったのは、長い遷宮の歴史の上では、むしろ近時の伝統になるわけです。従来宇治橋は朽損の度に架け換えたわけですが、第四十六回(元禄二)・四十七回（宝永六）・五十回（明和六）・五十四回（嘉永二）の遷宮では同じ年に造替されています。しかしこれも必ず毎回の遷宮と結びついてのことではありません。むしろ明治以降そういう意識が強くなったのだと考えられます。ところが五十九回の遷宮は昭和二十四年に行なわれる予定だったのですが、戦後の困難な時期と重なったので、四年延期され遷御は昭和二十八年になされました。しかし宇治橋の造替だけはどうしても式年に行ないたいという熱意があって二十四年になし得たと伺っております。これが現在、遷御と宇治橋造替の時期とがずれている点でもありますが、いずれにしましても遷宮の行事がさらに尊重度を増したことは確かでしょう。そうすると、これは平安時代の初めとは異って、非常に多くの用材も必要になっている。そういうことがやはり、多量の用材の安定した供給地を必要としますし、また一定の場所だけでは賄えないようになってきているんだと考えられるわけです。

御装束神宝

こうした状況は施設に限らず御神宝《ごしんぽう》と御装束《おんしょうぞく》についても言えることで、例えば第六十回遷宮の時には両宮の神宝と装束はそれぞれ、百四十八種と五十三種、合わせて二百一種調製されています。ところが平安時代初めの『皇太神宮儀式帳』を見てみますと、内宮の方では装束は九十八種、外宮の方は五十種です。そして御神宝の方は内宮につきまして十九種外宮の方は御神宝のことは『儀式帳』には出てきません。現在と比べていただきましても少ないといいますか、後世の方が多くなっている。時代とともに増進される傾向があったわけです。そこには当然、この御遷宮というものに対しての、時代を追っての考え方なり、あるいは神をお祀りする仕方というものが、少しずつながら変ってきている面がある。それにはもちろん、行事を行なう上での深い反省の結果の中から出てきているわけですが、当初に比べると規模が非常に大きく、そして複雑になってきていることは確かでしょう。

遷宮の準備期間

こうした点をさらに、遷宮の準備から完了までの期間について見てみますと、『遷宮例文』にこの祭儀が「皇家第一重事、神宮無双大営也」とありまして、まずとても大切で重い行事であることを述べております。そして、次にその行事は山口の神を祭ることから始まるわけですが、これは十七年孟冬に行ない、十八年の中秋すなわち八月になると木造《こづくり》始《はじめ》をやる。そして十九年の中秋に棟上げを迎え、二十年の秋に遷御、「首尾四年」と書いてございますから、一応四年で大営が完了するというわけです。ところが現在ですと、本年が山口祭の年、そして八年後の昭和六十八年に遷御が行なわれるというところからみますと、以前に比べてずっと早くからこういう準備が進んでいる。このことはそれだけ複雑になった結果によるものであり、また現在の社会の中で、こういう行事を続けていくということが、非常に努力を要することになっている、そういうことが分かっていただけると思います。

御杣山の変遷

さて、そういう現況ですから、この御杣山の変遷の件につきましても、先ほども申しましたように、最初は「神路山《かみじやま》、高倉山《たかくらやま》」で採っておりました。すなわち両宮の裏山で伐採しておりました。ここで用材を採っていたということは、本年五月の初めに行なわれました山口祭でも、内宮の方はいわゆる岩井田山のふもと、外宮の方は高倉山のふもとの祭場で、山口の神のお祭りが行なわれました。一番最初の行事だけは、この伊勢の地で行なうというところには、当初、御用材というものをこちらの方で全部賄っていた、そういう歴史を伝えているわけです。

途中十八回の遷宮（寛仁三年・内宮）では、内宮の方は志摩の答志郡の方へ移りました。三十一回（文永五年・外宮）には阿曽（現、度会郡大宮町）の方へ移っております。そして三十三回（嘉元二年・内宮）には、「神路山・江馬山」とありまして、「江馬」というのは宮川の上流、三瀬谷《みせだに》の少し先のところですが（現、多気郡大台町）、あちらの方に移ったわけです。この時期から御杣山が遷った理由には、なかなかよい用材が両宮域では採れにくくなっている、ということが述べられていますから、ここに他所へ出ていく大きな理由が生じてくるんだと思います。

中世の御杣山

それから、その次の三十五回（興国四年内宮・興国六年外宮）ですが、これは中世のいわゆる吉野時代のことですから、この時の御遷宮というのが北朝側によってすすめられたわけです。実際に北朝側の運営ということになりますと、伊勢の神路山、あるいは大杉山、阿曽の方の山というのは、ちょっと北朝の勢力とは異った所にありましたので、三河や美濃の方で用材を調達することになった。ですからこの時の御杣山の移動については、単に木がなくなったというような問題だけではなくて、当時のそういう政治的状況の中で、変化しているものだと認められるわけです。三十九回では、内宮の方（永享三年）は近くの社頭、あるいは外宮の方（永享六年）は美濃の山というようになっておりますが、ここらあたりから美濃の山というのが大きくクローズアップされてまいりました。

第四十回の遷宮（寛正三年内宮、永禄六年外宮）、この時は美濃の山でした。しかも外宮の方はですね、遷宮がずいぶんと途絶えておった後のことで、三十九回は永享六年に行ない、そしてその次の、これは式年遷宮のことなんですが、百三十年弱という非常に長い間隔が開いて、ようやく行なわれるようになった。そういう時代であったわけです。それが四十一回から、しばらくはまた大杉山へもどったわけですが、この四十一回の遷宮の特色は、内宮と外宮が同じく天正十三年に行なわれたというわけで、それまで両宮の遷宮は、行なわれる年が違っておりましたが、この時から同年に行なわれるようになってくる。しかも皇大神宮の遷御の日を、先にするというふうに変った時代でもあるわけですが、この時期のものは伊勢の国で調達した。

近世以後の御杣山

それから四十七回（宝永六年）になってまいりますと、今度は再び美濃の方の山へ移り、そして四十八回（享保十四年）に木曽山、これでしばらく続くわけですが、五十一回、これは寛政元年でございますが、この時は大杉山に移りました。四十七回から五十一回の間ですから、ずいぶん期間がありますので、大杉山で用材を採るのが非常に困難であったということが、『寛政遷宮物語』に出ております。長い間、人も入らないような山であったので、途中で狼が出てきて人々を驚かしたり、あるいは御用材の搬出に随分手間取ったということが伝えられております。五十二回（文化六年）以降はそういうこともなく再び木曽にもどって一定し、今次の遷宮に至るまで、木曽の山で御用材を伐採するということが続けられるようになったわけです。

こういう御用材がこの木曽で伐採される、もちろん宮川の上流についてもそうでしょうが、やはり木曽となりますと、大杉谷などとは違って一本の川筋だけに限られない非常に拡大された、また多くの異なる地域が材木運搬にかかわることになるわけです。そうしますと、伐り出しから、両宮へ搬入されるまでに、このことを円滑に進める上で一つのスタイルというものが出来てくる。またさらに特に神様の御用の材木を曳くことについて、簡単に済まされない「曳き方」というものが定まって一つの行事化してくる、長い目でみると御杣山の変遷とお木曳き行事にはそういう関係を見出せると思います。

お木曳き初め

それではいつ頃から今日のように、この御用材を曳くようになったたか。これは非常に難しい問題であります。と申しますのは、「お木曳き」の行事、これは「お白石持ち」行事でも一緒なんですが、何をもってその行事のオリジナルな形とするかによって異なってくるわけです。遷宮が時代によって少しずつ変化があることは先にも申しました。ですから当然こうした行事にも変遷を念頭に置く必要がありましょう。ただ、現在では神領民の遷宮に関わる奉賛の行事といわれておりますので、「お木曳き」が単なる労働作業ではない、一つの発意といいますか、奉仕というような形をとっているわけで、こうした点がいつ頃からみられるかというふうになりますと、史料的にこの時からだと言うのは難しいところです。ただ、山で木を伐り出し、そうして実際にそれを加工し、建物を立てるまでには、当然、材木の運搬ということがかかわってくるわけですから、そういう中で少しでも、現代のお木曳き行事につながっていくのは、どのあたりからかということを見てみましょう。

神忠の儀

寛正三年（一四六二）の第四十回内宮御遷宮の記録（『寛正三年造内宮記』〈『神宮遷宮記』第四巻所収〉）に見える、享徳二年（一四五三）二月二十八日付の宇治郷村人中宛権禰宜師昌差出には、

当宮正殿御棟持柱一本、任レ例自二当郷一可レ奉レ引事、依二作所之触一自二長官一被二下知一

と、一の禰宜である「長官《ちょうがん》」からの指示があったこと、また同じ記録の長禄三年（一四五九）六月六日の条には、

御壁柱九本、無二用水一大物ニテ木上大儀也（中略）岡田三切ヨリ三本（以二別段志一）引進、因レ茲岩井田ヨリ二本、上中村ヨリ二本、尾崎楠部ヨリ一本、鹿海ヨリ一本、朝熊ヨリ一本、以二神忠之儀一奉レ上、仍自二作所一本別三貫文宛酒直ヲ下行

などとありまして、「例に任せ云々」とか、「別段の志を以て」「神忠の儀を以て」などの言葉が見えます。こうした中には、この行事が単に作業、人足による用材運搬作業だけではなくて、もう少し積極的に奉仕へとつながってくるものだというふうに考えられます。

また「例に任せ」を広く解釈すると、既にこうした行事の方式がある程度行なわれていたとも推察されるわけで、このあたりの記事というのが、一つ重要なものだと思います。それと共に、ここに「御棟持柱《むなもち》一本」とありますが、ここで注意していただきたいのは、鎌倉時代の末頃の記事によりましても、「杣山無双」の用材、すなわち非常に大きな御用材というのは、この棟持柱と、それから扉の戸板、これは巨大さにおいて随一のものがとられるというふうになっておりますから、この特別関心を寄せられた用材を曳く、そこにこの奉曳のルーツをみていくことも可能ではないかと思うのです。そうしますと、「棟持柱」を曳くことについては、三十四回（元亨三年・一三二一）の内宮遷宮の行事記録（『元亨三年内宮遷宮記（仮名本）』〈『神宮遷宮記』第三巻所収〉）には、

元亨二年八月九日、うち五かう、さはちひろたの人夫をもて、みやかわのはしのもとより、御むなもちのはしら一本、きうち（宮地）へつけまいらす

とありまして、宇治五郷・佐八・昼田より人足が出て作業に当っております。この記録は早い例になるのではないかと思いますが、このように「棟持柱」を特別書き上げているところには、やはり御社殿を支える柱を特別曳いてくる。こういうなにか特別の配慮という

ものが、さらには「神忠云々」として掲げました四十回遷宮へと通じていくような、そういう歴史をもっているのではないかと思います。

誰が曳くか

奉曳にあたりましても、誰が曳くのかということにつきましては、すでに慶長年間に、お木曳きのための組織が十二郷で整備されていたと考えられているようでして、その頃にはですね、大きく整えられた行事として誕生しているわけです。

ところが先程申しましたように、この棟持柱・戸板という強大なものを曳く、これがお木曳の初めに曳かれていくようになるわけですが、後にはですね、むしろ最初の木というものが御樋代木の奉曳、すなわち神様により近い木を曳くという風に変ってきている。それが先月行なわれた「御樋代木奉曳式」となっているわけですけれども、御樋代の奉曳というものが、ますます社殿の木の中でも特別視されてくる、そのように意識が変ってきているんだということは、少し記憶に留めておいてもいいだろうと思います。

この御樋代木は、江戸時代には外宮の方は春木大夫の支配を受けて曳くようになっていたわけですが、後に明治二十二年には神宮司庁のいわゆる「官曳き」と称される奉曳の形になり、そして前回六十回の御遷宮から、これは伊勢全体の大きな行事として市民の方々の熱心な奉仕によって曳かれるというふうになってきているわけです。

お木曳きの組織づくり

それで先ほど、この御木曳の一つの流れを考える上で、重要な資料が四十回の内宮の遷宮に特に見られると言いましたが、同じく外宮の方の四十回の遷宮、これは永禄の遷宮のところですが、『永禄記』(『神宮遷宮記』第四巻所収)の弘治三年(一五五七)の条には、

六月　十四日　桑名御材木百余本着岸
　二十三日　上中郷御木引　十三
　二十六日　二俣中島衆同　十四
十一月十二日　岩淵木引

とありまして、六月二十三日に、「上中郷御木引」とみえます。これが今のところ、「御木引」の語の初見だというふうに言われています。この時は桑名から伊勢の方へ木が到着し、そ

してそれを上中郷《かみなかのごう》からはじまって、二十六日は二俣・中島、そして十一月十二日は岩淵の方々による「御木引」がある。こういう点から見てみますと、この時代というのがさらに現在のお木曳きを考える上で重要な時代になってきているわけです。この当時の御杣山は木曽で、この場合伐採された木は、大体は桑名か、あるいは長島の方に一旦集められ、そして大湊へ運搬されてきて、内宮の方は五十鈴川を逆上って曳く、外宮の方は宮川から宮中へ曳くというふうになっております。一方、大杉山の方で伐採されたものは、このまま宮川を下って来るわけで、内宮の方はさらに大湊から五十鈴川へと回って曳いていかれるわけです。

このお木曳きの中で、外宮の四十回の事情を見ましても、いついつにはどこの村が曳くというように記されているわけですが、やはりこのいろいろの用材の中で、自分達がより大きな木を曳いたり、神様に近いところに使われる木を曳きたい、というような気持ちは当然起ってくるわけで、その場合、今日は誰が曳くか、そしてどういう木を曳くかということを決めておくことが重要なわけです。そうした観点より記事を見ますと、第四十一回の天正の遷宮、これは先ほども申しましたように、非常に重要な時期でございます。すなわち重要な時期と申しましたのは、従来内宮の場合ですと、この四十回から四十一回の間が百二十五年、間が開いているわけです。やっとそこで大きく式年遷宮が行なわれるといった時代です。それには信長、秀吉へと続く大きな奉賛があったわけですが、『天正十三年造営記』（『神宮遷宮記』第四巻所収）を見ますと「外宮の御木宮川より引、内宮のハかなミ《（鹿海）》までまハるといふ事也」、そして「御木も於宮川鬮《くじ》をして分る」というふうに出てまいりますから、このあたりの時には誰がどういう木をという、非常にきっちりとした組織づくりがなされていた、ということが窺えます。

派手になったお木曳き

それで、この行事もいったん天正時に、立派に務められますと、時代もようやく落ち着いたきざしを見せ、徐々にこの御遷宮が盛んに行なわれるようになってまいります。そうした中から、第四十五回（寛文九年）の遷宮資料（『寛文九年外宮正遷宮記』〈『神宮遷宮記』第五巻所収〉）の記事より奉曳日・町名・本数等をまとめて掲げますと（寛文七年〈一六六七〉五月～六月）、

五月十九日　田中中世古（二本・三十名）　二十一日　宮後に市河原（六本）　二十二日　下馬所前野（二本）　二十三日　岩淵岡富貴上（六本）　二十五日　一志久保（二本）　二十六日　大瀬古・櫟木（四本）　二十八日　八日市場（二本）
六月四日　曽禰（二本）　六日　下中之郷（二本）　七日　上中之郷（二本）　八日　中島（二本）　九日　辻・二俣・宇良口（六本）　十日　河崎・幸田（六本）　十二日　船江（二本）　十三日　妙見町　二十一日　長屋村・王中島村　二十二日　馬瀬村・竹鼻村・神社村（二本）　田尻・小木村・新開・霜野村（二本）　二十五日　黒瀬村・阿竹村（二本）　一色村（二本）　通村（二本）　二十六日　二見郷内庄村・西村・今一色村

自レ是以後、山田中昼夜曳、宮材木造二種々之美物一、且跳躍為二幻戯一、観者貴賤為レ群

と、それぞれどこの町がどれだけの用材を曳くということが出てまいりまして、現在、私達にもなじみの深い町名が出ております。ですから今も町組で行なわれる基本というのは、すでにこのあたりにもはっきりと記されているわけです。しかも右の資料に「自レ是以後、

山田中昼夜曳」くとも見えますから、昼夜、御木曳の行事が行なわれる。そして、この用材に、いろいろと飾り付けをいたしまして、皆んながお祭り騒ぎをしていたということがわかります。

こうして世の中がさらに派手な時期、すなわち元禄あたりになってまいりますと、第四十六回・元禄遷宮（元禄二年・一六八九、両宮）（『元禄二年遷宮記』〈『神宮遷宮記』第五巻所収〉）では、

町々老若昼夜曳㆓宮材㆒或以㆓綾羅錦繍㆒造㆓於人形及禽獣之類㆒、或少年着㆓華服㆒、散楽俳優跳躍為㆓幻戯㆒

とあり、ここでは御用材（宮材）を各町ごとにですね、絹や錦で人形やあるいは鳥、獣の姿を造って、それでもって飾ったと思われます。またいろんな服を著て非常に華美となってくる。そして「散楽俳優跳躍為㆓幻戯㆒」とありますように、単に木を曳くだけではなくて、さまざまなアトラクションも加わって、都市の祭りにみられるような、熱狂的なそして見物人が多勢集まる「祝祭」的な状態にふくれ上っていたわけです。祭りの最中は皆んなが心を合わせて、さまざまな形でそれを祝い、楽しむという、そういう状況になって

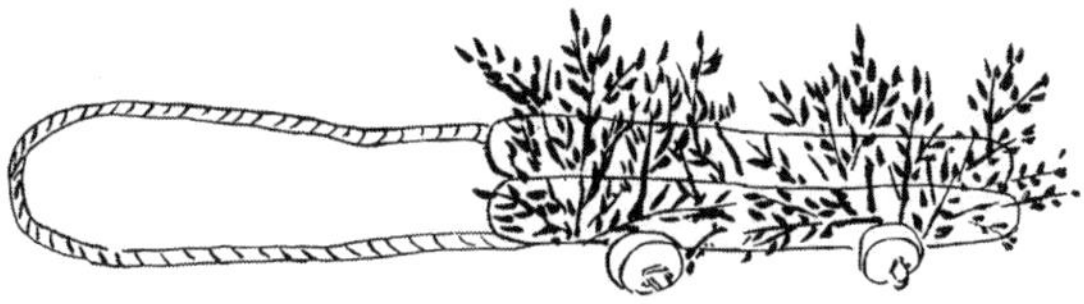

お木曳き車（寛保二年）

きているわけです。もちろん、あまり軽々しく昼間から騒ぐものですから取り締りも厳重になってくるわけですけど。

お木曳きの車

さて、この当時のお木曳の車というものが、どんなものであったか、ということで、四十九回遷宮の記録（『寛保二年御樋代御木曳之記』〈『神宮御杣山記録』第一巻所収〉）に図が掲載されていますので紹介しておきましょう。

ここに画いてあるのは榊でしょう。「御木、榊を以って錺る」と記されておりますから、上図のような状況で、そして今日のようにあれほどりっぱなお木曳き車ではないようですけれども、それぞれにですね、行列の次第を組んでものものしく曳かれていく。こういうものが先ほどの元禄期の記録によりますと、それにいろんな飾り付けをしているわでです。ちょうど前回の遷宮のお木曳きでも町内ごとに、いろいろな趣向を凝らしてなさったところには、こうした伝統の積み重ねがあるんだというふうに思っております。

大一

それから、このお木曳きの時には、忘れていけませんのが、神宮のこういった行事の中で、よく「大一《たいち》」と書いてございますね。これは何かといいますと、神宮の御用ということを示す、一つの印であるわけです。神宮司庁の方では、造営のシンボルマークだと説明しておられますように、「大一」と書いてありますと、もう神宮の御用としてのものであるという意味をなすわけです。これの初見は元徳二年(一三三〇)の仮殿遷宮時の記録(『元徳二年内宮仮殿遷宮記』〈『神宮遷宮記』第三巻所収〉)と言われますが、それは、御船代材に用いられるかどうか検分したところ「大文字有之上」(元徳二年十一月十一日付注進)の記事を指すのでしょうか。「大」の文字記号があったようですね。

中には、「太一」と書くことがあります。たとえば、伊雑宮《いぞうぐう》のお田植祭の大きな団扇がございますが、あそこには「太一」と書いてございます。いずれにしましても、「大一」

とか「太一」というのは、「最高のもの、天上、天神の名前」、あるいは「大一神、最高のもの」を表わす意味ですから、伊勢の神宮というのは、最高のものである。そういう天下に二つとない、一つしかない非常に貴重なものであるという意味で、こういう言葉が使われておるわけですから、これをもって、神宮の御用とする。「内大一」と書いてありますと、内宮のこれは御用である。あるいは「外大一」ですと、外宮の御用というようになるわけです。船で海上をいろいろなものを運ぶ場合も、あるいは河川の往来の船なんかにも、この印を掲げてフリーパスの状況で通って行くわけですね。そして御用材に「大一」と書かれておりますと、たとえば木曽からこちらへ流してくる時でも、途中、材木が思わぬ所へ流れ着きましても、これは神宮のものだとして、皆さんまた、それぞれ送りとどけてくれる。そういう理解が出来ておったわけです。

仲間意識

さて、お木曳きは伊勢の町組が基本的な単位となって行なわれる共同の祭りですから町内の者が同じ容装をして事にあたることは、大切なことですね。私は今桜木町に住んでおるのですけれども、町内で、お木曳とかお白石持ちのためのハッピを作るということで、申し込み書が回ってくるわけです。そこでさらに驚きましたのは、「どういうデザインがよいか、皆んな書いて出すように」というふうなことがございまして、これはやはり、もう町ぐるみで、この行事をお祝いしているんだな、と非常に嬉しくなっておったのですけれども、何回か、こういうデザインでよいかどうか、打合わせ会がございまして、皆の意見をまとめながら、そして町内の独自性を出しながら、準備を進めて行く。そうして行事の当日には共同のハッピを着て、みんなが、同じ事をしているんだ、同じ仲間だという意識を高めていくわけです。

奉仕者への饗応

先程近世も、元禄頃になると、相当はでになったと申しましたが、こうした点を『寛政遷宮物語』で見てみますと、この寛政遷宮というのは、例の大杉山で木が採られた時で、実務担当者にとっては大変な時代だったんですけども、事細かに、当時の状況が書かれておりまして、「己がしし木曳衣装といふもの一様に染めなどして、花の色々を尽したる綾錦の幟、春風にひらめきて、桜散る五十鈴川瀬を曳きつゞく程などは、絵にも描きたらんやうに見えたり」というふうにあります。幟を立ててなどというところでは現在もほとんど変わりなく、やっておられるのではないでしょうか。なかにはですね、「家々より餅酒或るはおどろ〳〵しう膳椀やうのものをさへに持て運びつつ」、としるされているようにすなわち、各家々からは「おどろおどろしう」ですから、大げさにということですかね、大そうに餅、酒、料理を出して皆んな木が曳かれるのを待ち構えて、奉仕者に対して饗応するわけです。このあたりのやり方というものは、伊勢では「おかげ参り」の時には、「施《せ》行《ぎょう》」と申しまして、参宮の道者に、いろいろと道中、食物を与え、あるいは金銭を与えて、無事にお伊勢参りが済ませるようにという、無料の奉仕、旅人に対する援助というものがあったわけですね。お木曳きの場合は、伊勢への参拝客ではないのですけれども、こういう神宮の行事に参加している人達に対して、こうしてもてなすことが、神恩に報いる一つの手段であるというふうに考えられていたわけです。祭りで単に一緒に飲み食いして騒ぐのではなくて、その根底には一つの感謝の心というものが示されておるわけですね。

お木曳きの広報

それから、同じ『寛政遷宮物語』ですが、いつ何時に、遷御の日時が決まったということで、そのことを「京、江戸、大坂をはじめ国々ニ高札たつる使すぎすぎにたつ」とありますから、諸国へ告知に出かける。現在こういうあたりも、かなりすすめておられるようですし、江戸時代にも、このことによって多くの人が参ったようです。芭蕉が「たふとさに皆押あひぬ御遷宮」と表現した状況も、このようにしてよく広報されることによって、見物客も増えるわけなんですね。

お木曳きの芝居

またお木曳きの状況を芝居にすることも試みられています。これが実際に上演されたかどうかは知りませんが、『神宮御杣山記録』の第二巻目に浄瑠璃の台本が翻刻されていまして、その題目は「仮名《かな》手《て》本《ほん》木《き》曳競《ひきぐら》七段目」と「ひらかなせいすい記　宮川先ちんものかたり」と申しまして、よく聞く台本のパロディ作品ですね。「仮名手本木曳競」によりますと、伊勢へやって来た旅の人が、今日は伊勢の方では御木曳の行事があるということで、「初めてのお方も、同道申した、きつう酩酊そふに見へるが、一ツ聞《きけ》ます、木遣ハ有カ」「御座ります とも、今日は彼《かの》河崎の八本曳で、猩《しょう》々緋《ひ》を立テつゞけ、北御門迄続てござりますけど、後の方ハ明《あい》て御座ります」というふうにしてですね、御木曳の情景を台本に仕立てて残している わけです。こういった資料も見ていただきますと、機知に富んだ方々がこの伊勢の地に いらっしゃって、面白いことをなさってたんだなということが、よく分かると思います。

町中の浄化

さて、今まで非常なにぎわいばかりを申しておりましたけれども、そうしたにぎわいだけではなくて、行事をやるためにはそれが行なわれる場所を、非常に清浄に保っていこうとする、そういう心がけがあるわけです。現在もお木曳きに先がけて皆さん方も、「浜参宮」といって、二見の方へお出になりますね。それは行事に参加するにあたって、身を清める極めて大切な、厳粛な儀礼なんですけれども、ここでは参加者ではなく、町全体の浄化ということで見てみましょう。御神木が着いた時、あるいはお木曳きの前には、「犬狩り」と称して、犬を狩り出し、捕まえて町の外へ捨てに行くということが行なわれていました。

『宇治山田市史』(上巻)や『宇治山田市史資料』等を参考にその様子を窺いますと、四十回内宮遷宮(寛正三年〈一四六二〉)の記録に、享徳二年(一四五三)三月二十三日「宮庁下㆓知大小刀禰等㆒令㆑狩㆓郷中犬狗㆒、依㆓宮材着岸㆒也」とあるようで、これは「犬狩り」の早い記事だと言われるわけですけども、郷中の犬を狩り出したことがわかります。また、四十九回寛延遷宮(寛延二年〈一七四九〉)(『三方会合所引留』)には、「宮中犬狩之事、犬者不浄多生死共穢懸リ申候間、常々禁制仕候、殊ニ御造営之節者御材木江自然之穢可有御座候と、毎度犬狩仕候」と「宮中」の犬狩りの記事が見えますが、犬というものが、いろんな不浄を持ち込むとともに、不浄に関わることが多いので、これを行事の期間は、外に出すというわけですね。ところが、犬はいくら捕まえても、続々、子供を生んで出て来ますし、また普通宮川の外へ放り出すわけですけども、なかには賢い犬もおりまして、ずっと上流の方まで歩いて行って浅瀬を渡ってまた宮中へ入ってくるというようなこともあって、ついに、それじゃもう船に乗せて三河の方まで海へ流しに行こうかというような相談も出てきて、非常に困ったという話もあるようです。宝暦五年の記録には、「雄犬一匹、二百文、雌犬一匹、二百五十文」ということなんで、ちょっと雌犬の方が高かったようなんですけども、それが、段々犬狩りをやりますと今度は、家につないである犬まで狩りとって、お金をもらいに来る者も出てきました。後には、これ文化三年ですが、小林筑後守が山田奉行になってから、とり止めになったというふうにいわれております。その時の理由を見ておりましでても、犬狩りをするのもいいけれど、なかなか犬は捕まえにくいし、何しろ宮中へ入らないようにしなさい。そうでないと、あまり厳密なことを言い出すと、糞を落とす小鳥やカラスまでも捕まえないといけないようになる、というようなことでとり止めになったらしいのですけども、犬狩りというものは一つの祭りの場の清浄性を保つための行動であったわけです。

川筋の浄化

それから、もう一つ川の浄化についてふれておきましょう。これは享保十四年遷宮時の記録ですが、私は直接見ておりません。孫引きで申し分けないのですが『楠部村書留』によりますと、「川筋江何にても洗物其外なかし物堅く不仕候様に……川筋不浄為無之、明日中可被致掃除被申付候」とありまして、川筋へ洗物其外流すのは堅く禁止する、そして川筋を清浄にするために、掃除をさす、ということが出てまいります(『民俗資料選集4』四八頁参照)。ですから、お木曳の時にはですね、不浄をなしてはいけないんだということが非常に厳しく行なわれていたわけです。こういったことは、現在でももう少しですね、御遷宮にかかわらず、いろいろと私達も心がける必要があるのではないかと思います。

さて、お木曳きの行事が近世ではどのように行なわれていたのか、みてきたわけですが、今度はもう一つのタイトルにかかわり合います、「お白石持ち」について、簡単にお話ししておきたいと思います。

お白石持ちの初め

「お白石持ち」、これは宮川へ行って白石を拾い、しばらく各町内の清浄な所に安置しておいて、遷宮の間近かになって、宮地へ納めに行くという行事ですね。この行事につきましては、私は四十八年に経験したわけですけれども、一体、お白石が宮地に敷かれるようになるというのはいつ頃からなんでしょうか。これもなかなか確かめにくいことなんですね。ただ、御木曳と同じように、先ほどお木曳が四十回遷宮の頃なんか少し、現在と結びつくようなことを申し上げましたように、お白石につきましても、その頃が現在の「お白石持ち」を考える一つの時期になっているように思います。

第四十回（寛正三年内宮遷宮）の状況を知る『神朝遺文』には、お白石という語が見える初見だとされていまして、「文正元年（寛正七年二月改元）三月八日、移二大司一令レ置二白石於内院一、造替遷宮度為レ例」とあります（『民俗資料選集4』一九七頁参照）。もう一つ、その同じ時の、『氏経神事記』（『大神宮叢書』神宮年中行事大成　前篇』所収）を見ますと、もっと具体的によく分かるわけです。

寛正七年三月八日　晴、造替毎度遷宮度以後瑞籬内ニ被レ置二白石一事、今度未也
十三日　瑞籬内掃除沙汰、白石司中ヨリ令レ置、遷宮以後此沙汰于レ今無二沙汰一、仍草深ク根堅ク不レ被レ引、其跡見苦之間、能々白石ヲ可レ被レ置之由重司中ニ相触……

右に掲げました資料は第四十回の内宮の遷宮時のもので、寛正三年に行なわれています。ところが、白石を敷くのは四年後の寛政七年となっております。現在は、お白石持ちと申

お白石持ち（豊受大神宮）〈『昭和48年神宮式年遷宮』より転載〉

しますと、遷御の行なわれる直前に敷いておりますが、この資料によりますと、遷御の後に行なわれているということになるわけです。特に『氏経神事記』の中には、「造替毎度遷宮度」、「毎度遷宮以後」にこうした行事を行なうということを言っておりますし、また、早くそれをきちっとしないと、草が深くなり宮地がきれいにならないと注意しておるわけです。ですから、ちょっとこれを見ますと、現在と違った感が致します。

地曳き

ところで永禄の第四十回外宮遷宮の記事を見ますと（『永禄記』）、「弘治四年（永禄元年）五月七日、御地曳しら石持ヲ作所かたらひ候て被レ引候」とあります。「地曳き」というのは、土地の高低差をならし、新しく宮地を整える作業なんですが、五月七日に「御地曳しら石持ヲ作所かたらひ候て」というふうにございますから、遷御以前にこの行事が行なわれているわけです。白石を敷くのが遷御の後から前へと変化したように見えますが、それ以上の詳細については今のところ私にはわかりません。ただし、今まで掲げました資料よりずっと以前の『儀式帳』によりますと、鎮地の祭りの時に、宮地の草を苅り、「心御柱《しんのみはしら》」の穴を掘り、柱を立てるなど出ておりますので、祭場を新しくする行為の一環として、やがては白石を敷くようになったとも考えられるわけです。

お白石持ちの大規模化

こうした作業も、後になってまいりますと、先程のお木曳と同じように、大規模な祭りとして、行なわれるようになってきます。たとえば、四十三回の寛永遷宮の記事（『寛永外宮正遷宮子良館記』〈『神宮遷宮記』第四巻所収〉）によりますと、寛永六年九月ですから、これはもう遷御のほんの前です。「自十一日神民数百人、自二宮川一運二砂石一、敷二新宮地一」というようなことが出てまいりまして、「田中中世古」がこれを行なう、ということが見えます。ですから、このあたりになりますと、はっきりと現在のお白石持ちにつながってい く記事が見えてくるわけです。

なお、先程ちょっと申し忘れましたが、永禄六年四十回の外宮遷宮には、御垣内の門や鳥居の辺にも白石を敷いたということが出てきますから、かなり広範囲に石が敷かれているわけです。しかもこれは、お木曳きの時にも、用材をどのように曳くか、町内分けしたように、きちっとお白石を敷く場所を、くじで決めていたようです。それで、このお白石の行事も、後に、ますます盛んになってくるわけで、これがお木曳きとともに、遷宮に直接神領の民が関わりあう大きな行事として、クローズアップされてくるわけです。その状況を、何度も引用しております『寛政遷宮物語』で見ますと、非常に面白い様子が描かれています。少し引用しましょう。

さて此程より、大御内にも外にも白石もて運ぶとて、里人ゆすり満ちて又賑はたし、男も女も皆清らに様々美しく思い思いに出たつ中に、十ばかりの女の童のらうたげなるを十人ばかり選り揃へて、金の風折烏帽子かがふらせ、くれなゐの単衣に薄物の狩衣着せて、いとささやかなる金ばりの桶二つに白石かごとばかり入れてさしになひたるハいかなるまねびにかと人にとへば、こはむかし行平の中納言須磨の浦にさすらへのとき、松風村雨てふはらからの女に契り給ひしを、都にかえりのぼり給ふとき、かたみとて烏帽子狩衣を賜ひしかば、此女ども恋しきたびにこれをきてまひかなでつつものに狂ひしといふ事をつくりたる猿楽のうたひものにおもひよせたるすがたなるべしなどぞいふ……（中の巻）

お白石持ちと文化

現在お白石持ちということで私達は白い服装で靴まで白くし、そして、お白石を白布か、あるいは白い紙で、大切に包んでご正宮へお納めするわけですけれども、この記録によりますと、奉仕者の中には「十ばかりの女の童のらうたげなるを十人ばかり選り揃へて、金の風折烏帽子かがふらせ」て、そして、金ばりの桶二つに白石を入れておったといいます。なぜこうしたコスチュームかと尋ねてみると、「むかし行平の中納言須磨の浦にさすらへのとき」松風と村雨という二人の女性がいたわけですけども、その女性と契り合って、後に行平が都へ帰る時に、この烏帽子と狩衣を置いていった。娘たちは恋しい度にこれを着て、思い出したという。これは謡曲の「松風」に出てくる話ですけれども、お白石持ちにあたって思い思いの、ちょうど私達が町内でそれぞれ独自にハッピを作るようにめかしこんでいたわけです。この記事というのは、これほど賑々しく派手になった時期もあるという例としてよく引用されます。しかし、見方をかえますと、このように文学的な素養を出せるというところに、伊勢の文化の高さといいますか、教養の深さというものが、認められるのではないだろうかというふうに思います。

ここでは「金ばりの桶」を担いだとありますけども、神宮徴古館（博物館）に、白石を運んだ籠というのが展示されておりました。これは竹籠を二つふりわけてそこに白石を入れて担いだようです。現在のような樽

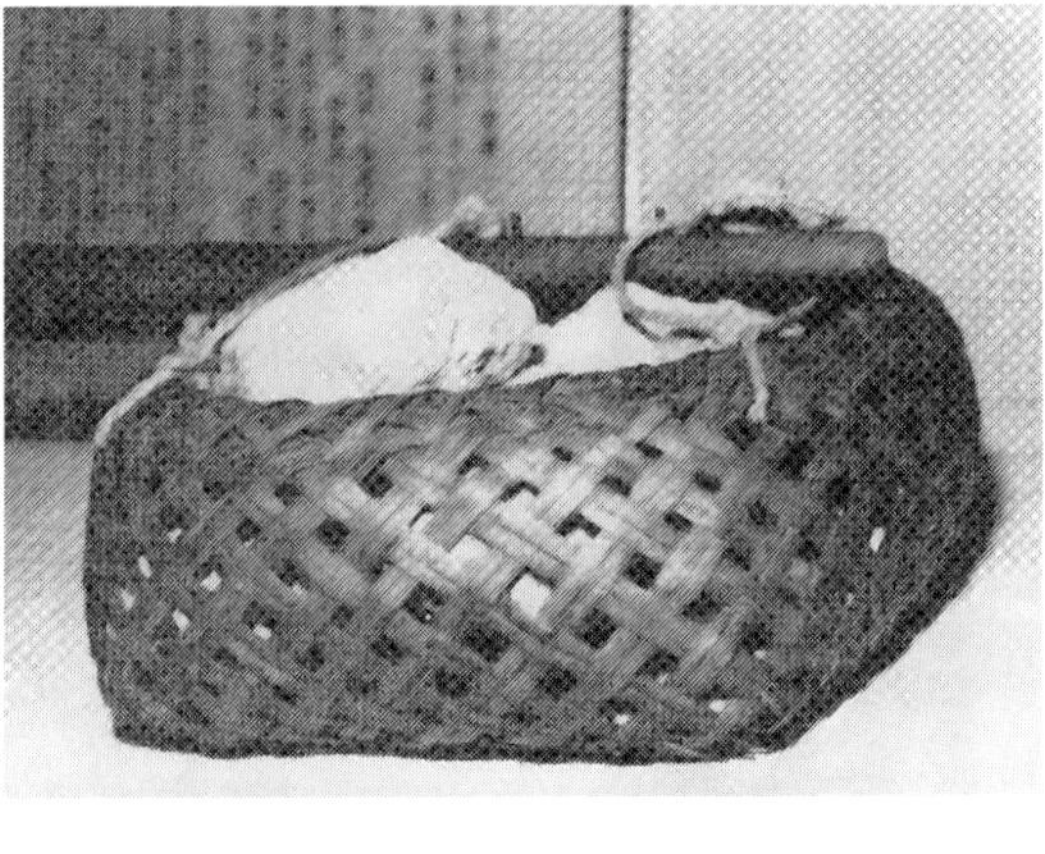

お白石運搬籠（神宮徴古館蔵）

に入れて宮域へ運び、そして各人が納めるというのではなくて、籠を利用したものですから、一度、徴古館で御覧になりますと、当時の状況がわかるのではないかと思います。

お白石の効用

なお、この白石というもの、これは黒い石ではなくて、白い石であるというところに、重要な意義をもつのだろうと思います。白さというものが、非常に清浄感を表わす色ですから、新しい宮に、新しいそういう白石を置くことによって、その生命が生き生きとしたものとして感じられる。しかも、そういう石がですね、そこらへんにころがっているようなものではなくて、わざわざ流れのある、清らかな川へ行って、採ってくるという、そういうところには、この行事の神聖さというものを見出すことができるのではないでしょうか。

ところが、この白石というもの、今度は非常に面白く——面白くといっては失礼なんですけども——使われていたようでございまして。たとえば、民俗学者の井上頼寿氏のお書きになりました『伊勢信仰と民俗』という本には、明治以前には本宮において、「お白石」と称して町方の老人が座っておられて、そこへ頼みに行くと、「家内安全の御祈祷」と言って白石を後へほうり投げた、という話が出てまいります。この様子の一端は『伊勢参宮名所図会』(外宮・内宮々中図)でも窺えますが、なんか白石が一種の御祈祷の祭具といいますか、占いでもするような形で使われていたと思われます。いずれにしましても、白石というものが、行事を何回も重ねていくことによって、深い意味づけがなされていったことだと思うのです。

古殿と神聖感

さて先程、一体いつ頃に「白石持ち」の起源を求めていったらいいのかという問題で、宮地に白石を敷くことについて話をしました。これと関連して、宮地についてさらに付け加えて述べておきたいと思います。ご本宮へ行きますと、その隣りに「古殿地《こでんち》」というのがあります。これは、現在神様をお祀りしてある社殿の地の古い土地、反対に言いますと、次回の遷宮での新宮地というわけですね。遷宮の諸祭儀の中では、新しくできた御宮へ神様がお遷りになる「遷御の儀」ということが一つのクライマックスになっているわけですけども、それでは、神様がお遷りになった後の御宮、「古殿」と申しておりますけども、それがどんなふうな状況で取扱われてきたかということから、少し考えてみたいと思うわけです。例として、明治二年の第五十五回遷宮を見ますと、明治元年十一月一日から五日の間に古殿を撤却、そして同二年一月二十二日に地曳祭・同年九月四日に遷御となっています。このことは遷御直前まで古殿がそのまま置かれていたということです。それから、それより前の四十八回（享保十四年）の記事を見ますと、これも古殿を「遷宮の前年たたみ申し候」というふうに出てきます。今ですと、もう古殿、古い御社はございませんが、以前はそのままにされていたようです。こうした古殿に対する接し方というのは、ちょっと現在と違った神聖感というものがあるのではないかと思います。

たとえば、この伊勢の近辺の家々を見て回りますと、玄関口に何本も注連縄を張っている家があります。御覧になった方、あるいは自分のところもそうしておるという方もございましょう。私達は古くなったから、汚くなったからということで、まったく新しい注連縄に取り換えたりしますけども、この例はそうでなくて、毎年重ねて注連縄を掲げていくということです。あるいは、これは二見の隣りに松下という村がございますね、この村の氏神さんを蘇民の社といいます。この蘇民の社というのは祭祀を研究する上で重要な、興味あるお社なんです。なぜかと申しますと、御社殿の下に石があり、そこに榊が巻かれているわけです。その榊が毎年毎年巻き続けられて、二十年に一度取り換えられる。そういう行事が伝えられているわけです。古くなったから見た目には汚くなったという印象を私たちはもちますけども、一度祭儀を行なった時に、その後、次の行事をやるまで全く手を触れずにおく、全く何もせずにおいて置くというところに、かえって、それの方が神聖さを示していくという、そういうあり方がですね、なお古い時代に、また現在の民俗慣行の中にも見られるわけです。このことは神宮の古殿というものも、もともとは、そういう態度で古い御殿を、そういう神聖感の中で置かれていたのではないかということを窺えるのではないでしょうか。

積極的な清浄化

そうしますと、お白石を敷くというような行為も、もともと、こうしたことが行なわれていたのかどうかさらに考えてみる必要がありましょう。平安時代の初めの資料(『延暦儀式帳』)を見ましても、新しく宮を建てる時に草を刈ったり、表面の土を削ったり取り換えたりするだけであって、白石を敷くということは明確ではないわけです。ところが、そこにさらに石を敷いて、そして、清浄さを示していくというところには、当然神をお祀りするという形に新しい積極的な、そしてそれによって神聖さをより感じさせる、そういう要素が加わってきているというふうにも考えられるわけです。その時期が一つには中世という時代に大きく変わってきているのではないかと。たとえば、先に紹介しました『氏経神事記』の中には宮中で不浄のことがあったからお白石を清めるという記事が見えます。その時には、「立石《たていし》」から塩を運んで来て振り掛けたというようなことがございます〈文明十一年〈一四七九〉六月八日条〉。立石というのは現在の二見ですが、そこから塩を運んで白石を清める。ということは、そこに、これは古殿地かどうかちょっとよく分りませんが、多分新宮なんでしょうけども、そういう積極的な儀礼を施していくのが、この時期の特色ではなかっただろうかというふうに思うわけです。この点、さらに深く追求していってもよいのではないかと考えています。

象徴の重層性

以上、お白石持ちについて紹介してまいりましたが、この行事とお木曳きの行事とも、非常にしっかりした組織立てになり、そして行事がうまく構成されていっている、ということは言ってよいかと思います。そしてそこでの方式や慣習が二十年毎にうまく次代へ伝えられている。そうした点がこの行事を永く続けさせ、伊勢の大きな特色ある行事となっているわけです。それとともに、これらの行事は、遷宮の諸祭儀の中に組み込まれていますが、それ独自ででも祭りとして成立っていることを指摘できます。用材を単なる材木ではなく、ご神木として接しておられること、また白石に対する心構えは、それらが神聖な象徴となっていることを表わしています。このことは祭りの要素に欠かせないものです。そして、それが神宮というものと非常なつながりをもっている。象徴が重層性をなしていると評せます。

伊勢の活性化

遷宮は「生命の更新だ」と言われますが、その一環をなす「お木曳き」と「お白石持ち」の行事、それはまた伊勢という私たちの住む社会をまさしく甦させる行事として存在するんだというふうに見ることもできるわけです。そういう意味でこの行事が、伊勢の活性化ということと非常につながりをもっている。その中で、参加者が一体であることを感じ、そして明日に向って、次の時に向ってのですね、新しい自覚というものが醸し出されるすばらしい機会であるというふうに、私は思うわけです。

遷宮を、神様に遷っていただくための、新宮造営行事とのみ理解してはいけないと思います。そのために、こうした儀式があるのではないんだと、かつて原田敏明先生が遷宮についてお書きになったものに、これは「造替遷宮」ではなく「祭典遷宮」だということをおっしゃいました。祭りを行なうために、新しく祭場を整える。社殿も、そしてその土地も、すべて新しくして祭典を行なう。それが遷宮なんですね。そうした祭りの中で私たちの住む世界の生命が更新される。これほど私たちを根源から支え連続性を感じさせるものはないんではないでしょうか。

その行事の一翼を伊勢の皆さんが、日本中の人々の代表として担っておられる。「お木曳き」と「お白石持ち」これは伊勢の町の祭典遷宮といってよいかもしれません。が、それ以上に日本の明日を導く重要な行事であるということを忘れずにいたいものと思います。

まとまりのない話となりましたが、ご参考になればと存じます。ありがとうございました。

参考・引用文献

『宇治山田市史』二巻（昭和四年）
『宇治山田市史資料』（伊勢市立図書館蔵）
『民俗資料選集４〈伊勢のお木曳き行事・白石持ち行事〉』（文化庁編・昭和五一年）
『神宮遷宮記』全四巻（神宮司庁編・昭和五年～七年）、全七巻（神宮司庁編・平成四年～七年）
『神宮御杣山記録』全四巻（神宮司庁編・昭和四九年～五四年）
『大神宮叢書』神宮年中行事大成・神宮随筆大成（神宮司庁編・昭和一三年～一七年）
『大神宮故事類纂』遷宮部（神宮司庁編・明治四三年）〈マイクロフィルム版〉
『大神宮史要』（大西源一著・昭和三五年）
『伊勢神宮』（桜井勝之進著・昭和四四年）
『伊勢の大神の宮』（桜井勝之進著・昭和四八年）

【追記】本書への再録にあたり、本文の一部修正と遷宮関係史料について『神宮遷宮記』（全七巻本）により史料名の変更、所収巻数の表示、文字訂正・追加引用を施した箇所があります。

第二章　ムラの神々と祭祀

路傍の神様から伊勢の大神まで
―多神教の風土を旅する―

ドイツ南部のカソリック教会で、中央の祭壇とは別にマリア様や諸聖人の礼拝室が設けられ、ロウソクを灯し静かに祈りが捧げられる場面に接したことがあるが、神社の境内にもさまざまな神がまつられている。参道をはずれた所や本殿裏に、恵比寿・稲荷・八幡・天神・金比羅・子安・神明社など小さな祠に神々が鎮まっている。境内社あるいは摂社・末社などと呼ばれるこれらの神々は、時として商売繁盛・学業達成・病気平癒・良縁・安産・開運など諸願を叶える熱烈な信仰対象ともなる。

「サイノカミサン」

伊勢神宮の西方、度会《わたらい》郡玉城町積良《つぶら》に「幸神社《こうじんじゃ》」という社がある。伊勢参りを済ませ熊野参詣に赴く人々が利用した熊野街道の田丸城下から少し寄り道をしたところだ。一帯は神宮（内宮《ないくう》）の禰宜職をつとめた荒木田神主の故地であるが、神社は「サイノカミサン」で通っている。祭神は猿田彦神《さるたひこのかみ》。例祭の三月初申日は、子授け・厄除け祈願に遠近より参拝者が訪れ、報賽の暁には子供の名に「幸」の一文字を頂く慣わしが伝えられている。

鳥居が立ちならぶ参道の脇に「目の神」の祠がある。建物はないが、小さな石龕の奥に石体が並び、カップ酒の器には水のお供えがなされ、誰かがお参りしている気配がうかがえる。天井石から涙のように水滴がゆっくり落ちている。さらに進むと、奥の方に「癇《かん》の神」がまつられている。瑞垣をめぐらした社檀の中央に自然石を安置した空間である。「子供の引付・癇虫・寝小便・熱病を祈願すると不思議なご利益があると言い伝えられ」と由緒が掲げられ、賽銭も供えられている。

社殿は、近年の造営で新しくされたが、この社、実は本殿床下に石体がまつられている。石神を社殿が覆っているといってもよい。その形は、伊勢市二見町松下の蘇民の森で知られる松下社と似ている。そこでは、年末に本殿下の石体へ榊を巻き重ね、二十年ごとの遷《せん》宮《ぐう》時には再び榊巻きを一から始める慣例をとるが、伊勢神宮の正宮と床下の榊で飾られた心御柱《しんのみはしら》との関係を彷彿させる。

サイノカミサンが鎮座する場所は、村の入り口にあたる。語義からも推察されるように、もとは「塞《さ》へのカミ」として鎮まってきたのであろう。伊勢地方には、集落の出入り口や辻に「山神」と刻まれた石体がまつられる例が多い。明治初期の小祠整理や末期の神社合祀で神社境内に遷されたり、宅地開発や道路拡幅などで路傍の片隅に追いやられたが、山の神は子供の守り神として信仰され、子供組の行事が盛んであったことも記憶されている。一つひとつの石神にも歴史や物語がある。

松下社境内・蘇民社榊巻

礫石と伊勢・大和の国境

櫛田川に沿う紀州街道は、奈良県をはさみ和歌山と伊勢とを結ぶルートである。途中の高見峠は県境をなしているが、そこよりかなり伊勢側の赤桶《あこう》という地の川中に礫石《つぶていし》と呼ばれる奇石がある。参宮往来の人々が小石をこれにぶつけて生まれてくる子供の男女を占ったとして柳田國男の「夜啼石《よなきいし》の話」にも登場する。それとともに次のような伝承もある。「その昔、天照大神《あまてらすおおみかみ》が白馬に乗りこの地までやって来て国境を問いただしたところ、傍らの森から翁姿の天児屋根命《あめのこやねのみこと》（春日神）が現れ、それは付近の川の瀬であると答えた。大神は不審に思い河中へ大石を投げ入れたところ水が逆流し、川波が日高見嶽（高見山）まで押寄せた。そこで、この嶽を伊勢・大和両国の境と定めた」という内容で、神々による国占め譚の一種である。両神出会いの地に水屋神社が鎮座する。この神社の本殿は神明造であるが、かつては三殿並立の春日造で、また明治の中頃までは赤桶を境に奈良よりの村々の神社は、妻入りで彩色がほどこされた春日造、東の伊勢側は平入で素木を生かした神明造であったとされる。行政上の境界とは異なる文化的な境である。

社殿にみる伊勢と大和の差異

大和と伊勢とを結ぶ参宮街道沿いの村々を訪ねると、意外な場面で風景が変化することを体験する。これは神々の世界にも及んでいる。伊勢神宮と大和の古社である春日大社(奈良市)はともに二十年ごとに式年遷宮が行われるが、こうした定期的な社殿造替の慣例を三重県内の神社について調査したところ、神宮鎮座地の伊勢市及び周辺地域と伊賀地方の名張市での実施率が高く、あとは参宮本街道や和歌山街道沿いの神社で多く見られ、隣接の奈良県は東部地域でも慣行のあることがわかってきた。大和・伊賀地方は春日大社、伊勢地方は神宮の影響を受けているようであるが、街道筋ではどこで両者の影響が交差するかは未詳である。ちなみに造替の呼称も地域ごとに異なり、神宮周辺地域では「神遷《しんせん》」「御《ご》大儀《たいぎ》」、櫛田川流域ではミヤダチ(宮建ち)、奈良県や伊賀地域ではゾウクと通称されている。ただしこの呼び方も、参宮本街道の仁柿峠を挟んでゾウクとミヤダチとに分かれるように、ミクロな場面では異なっており、峠越えは言葉や文化の違いを発見する魅力に富んだ旅を提供してくれる。

路傍の神々、村の鎮守の神々、日本を代表する伊勢の大神は階層的に位置づけられてはいない。しかしながらそれらは、どこかで重なりあいながら神々の風景を形成している。そこに通底するのは、人々の文化交流のなかにカミがたち現れるということであろうか。

神の飛来・人の飛行
――熊野みち雑感――

羽賜べ若王子

『梁塵秘抄《りょうじんひしょう》』におさめられた歌謡には、熊野参詣への想いについて、その惹きつけられるような魅惑が、実際に行動を起こすうえでの決意のほどと行路の厳しさとのはざまでゆれ動く様子がうたわれている。

熊野へ参らんと思へども
徒歩《かち》より参れば道遠し　すぐれて山峻し
馬にて参れば苦行ならず
空より参らん　羽賜《た》べ若王子《にゃくおうじ》

（巻二・二五八番）

「徒歩でお参りするには、長い道のりを歩まなければならない。ことに山路は険しい。だからといって馬に乗って行くのは苦行とはならない。では、空から参ろか。そのためには若王子の神よ、空を翔る羽を与えていただきたい」のだと。遠隔地への参詣は、自己実現のプロセスとも重なり合う。自分の目指すことがらと、それに向けて行なっていることとが合わさっているとき「仕合わせ」という幸福感が発生する。

現代社会に生きるわたしたちにとっては、「空より」という言葉を聞けば、ランドサットの映像を見ながら仮想的に自己をそこへ遣ることができようし、また翼はなくてもヘリコプターやハングライダーでその地へ降り立つイメージを持つことができる。しかしながら、熊野という神々の聖地へ、人が天空を翔けて行くとの発想は、それが十二所権現のひとつ「飛行夜叉《ひぎょうやしゃ》」からの連想としても、かなりダイナミックな視点ではなかろうか。

『梁塵秘抄』には、「羽賜べ若王子」に続き、

熊野の権現は　名草の浜にこそ降りたまへ
若の浦にしましませば　歳はゆけども若王子　（巻二・二五九番）

との歌謡が登場する。ここでは、熊野権現が名草の浜（和歌山市）へ降臨されるのだとうたわれている。人間の飛行とは異なり、神の飛来をイメージ化させており対照的ともいえよう。

文化を伝えた神々

紀伊国には、その東方部に熊野三社が鎮まるとともに、西方部にもすでに尊き神々の坐すことが人々の口にのぼっていた。同じく『梁塵秘抄』には、次のような歌謡が採録されている。

これより南に高き山
娑羅の林こそ　高き山　高き峰
日前国懸　中の宮
伊太祁曽　鳴神　紀伊三所
（巻二・二四六番）

娑羅の林・中の宮の遺称地は諸説あり未詳とされているが、その他については、和歌山県和歌山市の日前国懸《ひのくまくにかかす》神宮・伊太祁曽《いたきそ》神社・鳴神神社と、同県海草郡の伊達神社・志摩神社・静火神社の三所に比定され、いずれも平安朝初期の法典『延喜式』には「名神」の大社として、特別な位置づけがなされていた神々である。

これらのなか、伊太祁曽神社に祀られている「五十猛命《いそたけるのみこと》」は、天降りのときに殖林の種をもたらした「大神」、全国を駆けめぐり緑土を創成した「有功の神」として神話のなかで語られている。すなわち、縦横に飛来飛行した活動的な神である。

『日本書紀』(神代上・第八段一書第四)の伝えるところによれば、五十猛命は「高天原での狼藉により追放を受けた父神の素戔嗚尊《すさのおのみこと》に率いられて、一旦は新羅国に天降った。しかし素戔嗚尊は、そこに留まらず、さらに土船を造って出雲国へ渡り、ここで大蛇と出会った。それを退治したあと、大蛇の尾から得た草薙の剣を天照大神《あまてらすおおみかみ》に献上した。一方、五十猛命は天降りの節に、沢山の樹種を持参したが、韓地へは播かずに持ち帰り、九州の筑紫からはじめ大八洲《おおやしま》国に播種し、国土を青山に成した」としている。このストーリーは、

「木の国」である「紀伊」の地名由来譚という性格を有しながら、なぜ国土は緑に覆われているのかという問いかけへの答えを、そのもととなる樹種の聖なる由来と国造りの始源の様子とを、神話として語ることで解決を図っている。

また、こうした起源の語りは、樹木の用途に応じた活用方法にも及んでいる。『日本書紀』(第八段一書第五)では、「素戔嗚尊が言うには『韓郷には金銀があるが、もしもわが国に浮く宝である船がなければ良くない』ということで、自らの身体の髭髯《ひげ》・胸毛・尻毛・眉毛を抜き、散らしたところ、それぞれに、杉・檜・柀・櫲樟《くす》となった。そして、杉と櫲樟は船を造るために、檜は宮殿、柀は「奥津棄戸《おきつすたえ》」(棺)に用いるように指示をし、御子神の五十猛命らが、それら『八十木種《やそこだね》』を播き生えさせた」と伝えている。親のからだから生じた木種を、その子どもが播き成長させるというストーリーは、これを持続可能な森林の活用・育成観や、再生による緑の継承の尊さへの観念というメッセージとして読み込めば興味深い内容であるが、五十猛命と父神の素戔嗚尊は、比較神話論的にいえば、「樹木＝森」を語るに欠かせない文化英雄神ということになる。

木のクニの始源

ところで、日本神話・古代説話のなかには、国造りという大仕事をした神々の譚がいくつか見られる。有名なものは出雲の「国引き」神話(『出雲国風土記』意宇郡の条)であるが、現在の兵庫県を描いた『播磨国風土記』にも伊和大神《いわのおおかみ》の国占《くにし》めという形で登場する。国引き神話では、八束水臣津野命《やつかみずおみつののみこと》が、「国来国来《くにこくにこ》」と土地をたぐり寄せ、それらを長い縄で繋ぎとめたのち「オエ」と声を発して、「意宇(オウ)の杜」に鎮まったとしている。また、伊和の大神も、国内各地で他の神々と土地の占有を競いあった神として登場するが、「伊和(イワ)の村」の条では「国作りを訖《を》へまして以後《のち》、のりたまひしく『於和(ヲワ)』」とあるように、大仕事を成就してその地に留まったことがうかがえる。

これらの「語り」に共通していることは、いずれもが国の「大神」であり、また国造りをし終えて最後に鎮まったと観念されているところである。ところが、両風土記における神々の登場内容を見ると、終着駅は出発駅といってもよい「語り」と実状との逆転現象が推測される。すなわち、八束水臣津野命は「意宇」の地を、伊和大神は「伊和」の地を原郷として出発した「神」ではあるが、やがてそれぞれ勢力を拡大し、出雲・播磨の「大神」

という存在になったことが実状と捉えてよく、「国造りの完了」→「最終地での鎮座」の「語り」は、「鎮座地からの出発」→「国造りの完了」というプロセスを逆に示すものと考えられるのである。

『古事記』『日本書紀』のごとく、八世紀のはじめ、律令国家体制のなかで纏め上げられた記録に登場する神々の話題は、そこに複雑な政治的意図や国家的性格を濃厚にもつものも少なくなかろうが、『風土記』で紹介したようなクニ(国)の神話・説話の視点から、「紀伊国」に鎮まった五十猛命の「語り」を、その移動と鎮座のストーリー性、および文化英雄神的性格に着目してみると、熊野を含むこのクニの出発点がなにになにあるかがうかがわれよう。

移動と鎮座について「大神」は、この国へ鎮まる前は、天上から韓地へ、そして筑紫から各地へと垂直と水平方向の動きをしている。随分、遠くからの飛来・飛行である。しかも、多くの木種を持ち、それを植え増やす方法と樹種に応じた活用の知恵をもたらしたわけである。この遠来の神の観念を、海流とのかかわりなどで文化伝播、民族移動の投影という解釈もあろうが、反対に、この地の神が、「木のクニ」を出発点として、種と木の文化をもって各地へ広がっていったとみることも可能であろう。すなわち、「根源としての種と樹木の知」↓「木の文化の伝達・伝播」↓「天空へとおよぶ木」という、この地を起点とした人々の営みの象徴性が、「種をもっての天降り↓全国への展開↓このクニへの鎮座」として、逆転の「語り」を生み出しているとは考えられないだろうか。

そこには、この地が古くから樹木を特産とし、その活用についての知識・文化をもつ地域であることが中央においても知られ、信頼を勝ち得ていたこととかかわっていよう。この点で、紀伊・紀州を見つめる時、まず「木」のクニであることを基本的に認識したいところである。

熊野船

さきに紹介した『日本書紀』の二つの伝承は、それぞれ異伝として「一書」という形でおさめられているが、両者には「船」が登場している。一書第四は、新羅国から出雲国への渡海に「土船」が用いられたとし、一書第五では、杉と櫲樟（楠）は「浮宝」(船)の建造に用いよとの諭があった。船は水面を水平移動する上で有効な手段であるが、古代において、「熊野」(註)は「船」で知られていた。『日本書紀』(神代下・第九段本文)には、出雲の三穂崎（島根県美保関）で遊ぶ事代主神《ことしろぬしのかみ》へ急ぎの使者をたてるにあたり「熊野の諸手船《もろたぶね》」に乗せて遣わしたとある。この船の別名を「天鴿船《あめのはとふね》」といい、飛ぶ鳥の早さに船がイメージされている。

足の速さは、船に「速鳥《はやとり》」（『播磨国風土記』逸文）と名付けられたり、海上・天空を通う鳥の姿は、「鳥之石楠船神《とりのいわくすぶねのかみ》、亦の名を天鳥船《あめのとりふね》と云ふ」（『古事記』上巻・神代）として観念されている。『古事記』仁徳《にんとく》天皇の条には、大樹（宇宙樹）伝説が見られ、その木で船を造ったところとても速く、淡路島から難波宮へ天皇の朝夕の供御の水を運んだとしており、聖木＝船＝鳥のイメージが重なっている。

また、『万葉集』には、

島隠り　吾がこぎ来れば　ともしかも　大和へ上る　ま熊野の船（巻六・九四四番）

御食つ国　志摩の海人ならし　ま熊野の　小船に乗りて　沖辺こぐ見ゆ

（巻六・一〇三三番）

と詠まれ、前者は瀬戸内を航行する船、後者は志摩の海人が釣りする小船としても、「熊野船」の名がとどろいていたことがわかる。もちろん『万葉集』には、他に「足柄小船」(巻一四・三三六七番)や「伊豆手船」(巻二〇・四三三六番)の例もあり、また伊豆国で造られた「枯野」というそれは船足軽く疾行したとあるので(『日本書紀』応神天皇五年十月条)、地域ごとに造船で知られた所の存在がわかるが、大小船舶のブランド名「熊野船」は、良材を生み出し、船づくりの盛んな地をアピールする使者でもあったことが知られよう。

天のみち・地の熊野古道

熊野が参詣の地として、多くの人々の関心を呼ぶに至った背景には、そこが魅惑と畏敬の情感、すなわち何かに惹きつけられる反面、恐ろしさから逃れたくなる感情を呼び起こす、両義性を持つ聖なる空間としての特質を内在させてきたことがあろう。そして、ここが参詣の聖地として発展するためには、熊野の由縁・縁起が現世における人々のニーズを満たすことを伝えた活動をはじめ、訪れる人々を迎え入れるさまざまな仕組みが整えられたことが関わっている。なかでも、熊野へ到達する参詣道の発達も重要な要素である。その道を一足ずつ歩む人々の心に思いを遣ると、一日でも早く到着することへの願いがあっただろう。しかし、ここは、たとえ「熊野船」を利用しても容易に赴ける地でもなく、また「苦行」へのチャレンジ精神は安易さを拒否する心意も作用しよう。それでも、逸《はや》る心は、空を飛び一挙に訪れる想いを表出させずにはいられなかったようである。

『御伽草子』の「熊野の御本地そうし」には、その昔、天竺摩訶陀国の大王が、一粒種である王子の身を守るため、落ち着き所を日本国とし、王子は紀国牟婁郡音無川ほとりの里に至ったとの縁起が滔々《とうとう》と語られている。熊野権現として現れたこの王子は、天竺から本邦へ「飛ぶ車」に乗ってきたとある。熊野の神明は「空から」参上された。しかし、そのルートは過去も未来においても仮想の道としておきたい。なぜならば、私たちは、聖空間を背景で支えてきた木のクニという大地をもち、そのなかを一足ずつ踏みしめ、築き上げられてきた熊野古道という体験可能な文化伝統を共有しているからである。

註　「熊野」の遺称地として、島根県八束郡（現松江市）の熊野神社が鎮座する熊野と和歌山県の熊野とがあるが、木材産地の関係から後者ではないかともいう（小学館『日本書紀1』）。

神路の奥をたずねる
――神仏習合と分離――

平安時代末期の歌人、西行法師が紀州（和歌山）の高野山を離れ、伊勢神宮が鎮まる伊勢国は二見浦の山寺で「太神宮の御山をば神路山《かみじやま》と申す、大日の垂跡」を思い詠んだとして、次の一首が伝えられている。

深く入りて　神路のおくを尋ぬれば
　また上もなき　峰の松風
（『千載和歌集』神祇歌・一二七五番）

日本を代表する神々の聖地、伊勢神宮。天照大御神《あまてらすおおみかみ》が祀られる内宮《ないくう》と豊受大御神《とようけのおおみかみ》を祀る外宮《げくう》のうち、内宮神域から続く山並みを「神路山」という。まさしく「神道」の山であり、その名を負う山に分け入ると、まことに尊い峰に松風が吹いているとの歌意である。

高野山は、弘法大師・空海により開かれた真言密教の聖地。その本尊「大日如来」が迹を垂れた「天照大御神」との信仰を、西行法師は和歌に託したわけである。

仏と神の歩み寄り

諸仏が神々の姿として示現したとする「本地垂迹《ほんちすいじゃく》」の考え方は、日本在来の神祇信仰と外来の仏教信仰の歩み寄りの姿である。源平合戦の時、弓の名手として知られた那須与一が扇的に向かい、射損なわないようにと加護を願ったのは、「八幡大菩薩」「我が国の神明、日光権現、宇都宮…」(『平家物語』)であった。源氏の氏神である八幡神と与一の生れた下野国(栃木県)の神々。菩薩は仏の尊号、権現は「仮に現われた」との神号である。

後代、神道側からは、日本の神が仏に化身したという「反本地垂迹」の思想も生れるが、両者は深く影響し合い日本の宗教文化を形づくってきた。この状況を神仏習合、あるいは神仏混淆という。習合は思想ばかりではなく、私たちの生活習慣や諸儀式、信心のあり方や「宗教」への関わり方にまで及んでいる。

「仏神」がやってきた

鳥の羽が重なり合うように、複数の宗教が一つの姿をつくる習合現象は、日本のことだけではないが、私たちの身近な世界に目を向けると、一家のなかで神棚と仏壇を祀るのは普通の状況であった。寺院境内に神を奉斎する鎮守社がある。仏が神を守り救済するという考えにより創建された神宮寺もあれば、神社と寺院とが隣接する場合、神社境内に仏堂が存する例は各所で見られる。古代の有力氏族、藤原氏は春日社を氏神、興福寺を氏寺としていたことからすれば不思議ではない。

仏教の伝来について、『日本書紀』によれば、第二十九代・欽明《きんめい》天皇十三年（五五二）に、朝鮮半島の百済国・聖明王より金銅の釈迦仏や経論がもたらされたとする(仏教公伝)。その時、蘇我氏は西方の国々で尊崇されている仏の受容に賛成し、物部・中臣氏は「百八十神」を春夏秋冬に祭る我が国で「蕃神」「仏神」を拝する必要はないと主張する。背景には、新旧有力氏族の政治的対立があるが、新たな宗教的価値と向き合った日本社会は、その後、仏教を排斥するのではなく、またそれに取って代わられることなく、神と仏との共在という形で歴史を彩ることとなった。

神仏分離と初詣

仏教が日本社会に定着するにつれ、神社の管理や祭典を社僧と呼ばれる僧体の人たちが執り行う光景が日常化していた。神と仏の混在状態は、日本本来の姿を純化回復しようとの動きを促すに至る。

我が国が社会・文化的に大きな転機を迎えた明治維新。新政府は、神と仏の混淆状況を判別させる神仏分離の政策を展開した。僧侶の還俗、仏像を神体とすることの禁止、神社から梵鐘などの撤去は、過激な行動を誘発し、廃仏毀釈という事態を起こさせた。これにより貴重な仏教文化財が破壊され、海外へ流出するという大きな課題を残した。しかし、神仏分離が徹底されたわけでもない。

神仏習合の長い歴史と百四十余年前にとられた分離政策は、何を残したのだろうか。カミとホトケとは各々に異なるが、いずれも身近な存在である。神仏は私たちを守り、救済する一方、時には怒り、叱責する存在として、日本人の心に染み付いているのではないか。

除夜の鐘を聞き、神社仏閣へ初詣に出かける行動様式は、新年の定番行事となっている。それは、人それぞれに心願を託す神仏との初語りの機会といえよう。

名張市丈六の八幡神社神輿に描かれた神紋の卍

奈良県桜井市の多武峰の談山神社、秋祭りのお供えである「百味の御供」には神仏習合時代の名残であろうか、卍の模様が描かれる（談山神社は藤原鎌足をまつるが、神仏習合の濃厚な神社であった）。吉川雅章氏提供

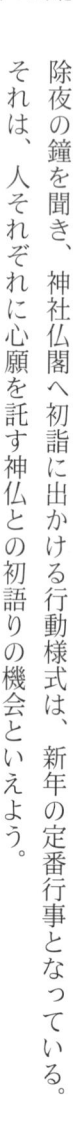

伊賀市槇山の真木山神社境内には鐘楼が残されている

奈良県生駒市の往馬大社には観音堂がある（提灯に神社名と観音名とが併記されている）

境内に寺院（右側）が隣接する伊賀市玉瀧（旧阿山町）の玉瀧神社。現在寺院本堂は無い

神社の合併と「神霊」の勧請

―名張市井手の稲荷社を通して思うこと―

日本における宗教伝統の一つのである神社神道の昨今の動向について、筆者は三つの点に関心を寄せている。第一は、パワースポット・ブームと神社との関係、二つ目は神仏習合関係への回帰的現象、三つ目は「3・11大震災」を契機とする神社存在の意味への問いかけである。

一点目についてであるが、パワースポットとして措定されるところは、神社だけに限らず、世界遺産などでも特定の場や空間がスポットとして有名になったり、ブームに便乗して巨樹・奇木・奇岩などがそれとして生み出されるといった状況もある。例えば、大都会のなかで豊かな森を形成している明治神宮の一角にある「清正井《きよまさのいど》」が、数年前にお笑いタレントの紹介以来ブームを巻き起こしていると聞く。あるいは伊勢神宮においても、神域内の石組みが、パワーを感じるスポットとして、ネット情報や旅行雑誌などで知った人々が手をかざすといった現象も見られる。そうした場を管理する神社においては、戸惑いが示されることもあれば、神社によっては、積極的に参拝者を増やす材料として活用されることもある。

神社の歴史的な展開のなかで見れば、流行神のように、疫病などの発生により熱狂的な信仰対象として個性を持つ神々が奉斎される例もある。しかしながら、そうした動きとは全く異なる関心の寄せられ方が神社にも起こっているようで、選択されるスポットとして人々のニーズに向き合う、あるいは向き合わざるを得ない現代的な神社の姿がある。こうした神社への人々の注目は、一時的なブームの中にあるのかもしれないが、決して著名ではない、ごくありふれた地域所在の神社においても発生しており、地域によっては「村の鎮守社」を、ブームにのせて売り出すとか、地域起こしの資源として活用を図るような動きがある。そこには、鎮守社が、これまで存在基盤としてきた共同体の範囲を超える「名所」となることへの期待もあろうし、あるいは、売り出しを通して地域の活性化を図る趣旨もあろう。このような動向が、地域社会と共同奉斎の対象となってきた神社との関係性について、旧来の氏神観や信仰の在り方を変容させるものかどうか注目されるところでもある。

二点目の神仏関係の動向は、日本の宗教史を特徴づける神仏習合、そして明治初年の神仏分離に関する諸研究とは別に、神道・仏教の関係者、具体的には神職や僧侶が、伝統文化の継承や現代人の心の問題解決などに協働で役割を果たそうとの試みがなされている（田中恆清『神道のちから』平成二十三年、学研）。平成二十年三月に、近畿地方の古社寺を中心に「神仏霊場会」が組織され、神仏の霊場を訪れる人々の宗教ニーズへの応答やニーズ発掘の活動を行うといった流れがある。そこには現代的な宗教ツーリズムという面も多分に見られるが（山中弘編『宗教とツーリズム』二〇一二年、世界思想社）、主宰者側においては「神仏和合」（神仏霊場会公式ＨＰ、http://shinbutsureijou.net/）といった意義付けのなかで、明治期の制度的分離への批判や反省という形を取りながら、協働現象が見られるところである。

これまで神仏分離の問題については、大社と見做されている神社や近代の社格制度の中では官国幣社として位置づけられる神社と寺院との関係について、神道側・仏教側の得失論的な観点からの研究が行われていたが、現在では分離の内実について、より実証的な研究が進められ、分離とは一体何を意味するのか、またそこから神仏習合とはどのような現象として捉えられるのかなどの問題関心へと深まりを見せている（櫻井治男編『宗教都市における神仏分離の実態的研究』平成二十二年三月、科学研究費報告書・課題番号19520069）。さらに地域神社における神仏関係や、共同体における宗教史の問題としても、今日に続く神仏奉斎の意味を問う研究が続けられている。こうしたなかで、著名な社寺を中心とした霊場参詣への働きかけと地域神社における神仏関係の問題をどのように捉えるかは、その接点を簡単に見いだすことは難しい。しかしながら、かつて西山茂教授が、日本社会と宗教との関係状況について、都市部における人口の空洞化や集落部での過疎化などによる社会の変化が、いわゆる「伝統宗教」と称されてきた神社神道、既成仏教、民俗宗教などに衰退化をもたらしていると指摘されたこと（「家郷解体後の宗教世界の変貌」『講座社会学7　文化』二〇〇〇年、東京大学出版会）をあらためて検討する契機と見ることもできよう。

三点目は、平成二十三年に発生した東北地方太平洋沖地震と津波、相次いで起こった風水害などを含め、被災地・被災者への支援課題とともに、神社の立地と被災状況との関係、あるいは震災復興に果たす伝統祭礼・行事の役割など多様な議論や検証課題が具体化してきている。そこには、いわゆるソーシャル・キャピタルとして、伝統宗教がいかなる機能を有するのかといった問題や過疎化している集落を襲った自然災害の影響による廃村・離村という課題に神社神道が如何に向き合うのかという、現実的な問題を多く抱えていることは否めない。

このような社会状況のなかで、神社・神社神道は今後どのような方向性をたどるのか、あるいはそこで生起している諸事象が、これからの日本社会のあり方や人々の意識傾向を何らかの形で暗示しているのか、またそうしたことを検証する対象として、神社や神社神道が研究上の価値を有する存在なのかを考えることは、地域神社研究の重要なテーマということができよう（櫻井治男「地域神社研究のこれから―絆《きずな》と縁《えにし》の神社学―」『國學院大學研究開発推進機構紀要』第四号、平成二十四年三月）。

以上述べてきた動向のなかで、三点目の問題は諸状況が流動的であり、多面的な検討課題を含んでいる。神道研究の現状から見ると、歴史的なアプローチとして、例えば東日本大震災と津波被害の関係について、「式内社」との伝えを有する神社が、津波被害を免れていると指摘されていることへの検証や、過去の災害と神社の被災の歴史を改めて史料的に確認する試み、災害と神祇祭祀の関係性の解明などへと関心が寄せられるところである。ここには、神道における自然環境への観念が、従前強調されてきた、自然の「恵み」や「恩恵」への感謝を主眼とする祭祀儀礼の趣旨だけではなく、自然の猛威に対する「恐れ」「畏《い》怖《ふ》」への鎮謝という観点からもとらえ返そうとの意図も表れている。また、被災地における祭祀祭礼の復興と地域づくりの問題、さらに福島原発の被災地において、留め置かれたままとなっている神社や神職の苦悩への支援に、神道研究や研究者がどのような役割を果たしうるのかという問いかけもなされている。こうした被災地における神社問題とともに、過疎化の進行による過疎地の増加、「限界集落」と称される地域での神社の廃社や合祀の問題が益々大きな課題ともなっている。

　すなわち、神社の有する資源を活かした地域の再生ということとは異なり、いかに地域コミュニティの規模を小さくするか、さらに言えば、終末を迎えるかもしれない地域社会とともに神社・神社神道はどのように歩むのかという観点での研究も求められているといって過言ではない。

これまで、筆者は地域社会と神社の関係について、明治末期の神社整理問題を中心に、行政施策的な神社合併の実行と、それに対する地域住民の反応、共同奉斎の神を失った地域の状況を検証する研究を行ってきた（拙著『蘇るムラの神々』平成四年・大明堂、『地域神社の宗教学』平成二十二年・弘文堂）。この研究は、西川順土（「神社研究の史的研究」『記紀・神道論攷』平成二十一年、皇學館大学出版部）や森岡清美（『近代の集落神社と国家統制』昭和六十二年、吉川弘文館）、米地實（『村落祭祀と国家統制』昭和五十二年、御茶の水書房）、孝本貢（「神社合祀」『日本人の宗教3　近代との邂逅』佼成出版社、昭和四十九年）各氏に触発されてのものであるが、なかでも、森岡氏の研究は、神社整理のモデル県的な位置づけにあったと指摘される三重県の事例が分析対象ともされ、筆者もその驥尾に付して三重県をフィールドとして調査研究を進めてきた。

森岡氏の研究が中央から地域への神社整理施策の流れを解明され、そこに見られる国家の意図と神社信仰の近代的な意味とを論じられたことに対して、筆者は実際に神社合併が起こった地域の様相、合併後の祭礼変化と持続を明らかにするところに主眼を置いてきた。

そうしたなかで、整理施策により神社（村の鎮守社）を失った地域社会が、神社を再建する行動を「神社復祀」と概念化し、そこに見られる住民意識と神観念の問題を、日本社会における宗教伝統の機能構造性から扱ったところである。

神社復祀の行動の特徴は、神社の国家管理時代はさほど顕在化されなかったが、第二次大戦後に復祀の行動が活発化し、そのことは現在にまで及ぶ行動として現れていること、また合併先神社から祭神を「取り返し」、改めて地域内での共同奉斎となる神社の再建へと導かれるところには、「ムラの神」は、実態として、ムラ人の共同意識の中に存在しつづけていたのではないかという問題であった。

この研究においては、復祀のパターンとして、ムラの神を「取り返す」(具体的には祭神の分祀）といった行動や、ムラの神が実際には合祀されずに、神体をムラ内に秘匿し、神社を再建するなどの例を見るところである。しかしながら、こうした問題は、地域ごとに異なりも見せ、新たな事例も発見されるところで、そのことについて簡単に紹介しておきたい。

取り上げるのは三重県名張市における事例である。この地は三重県の北西部、大和・山城・近江の旧国に接する伊賀国と呼ばれる地域の内にあり、民俗慣行も旧伊勢国側とは異なる様相が見られ、宮座や当屋祭祀が伝承されている。伊賀地方の神社整理問題について早く取り上げられたのは森岡清美氏で、なかでも伊賀地域を検証対象とされている。同じ伊賀地方でも、名張地域についての研究は従前あまりなされていないが、おおむね神社整理状況は森岡氏が指摘された傾向（無格社の合祀が甚だしく、一行政村に一社という合祀形態は貫徹されていないこと）と変わらない（拙著『地域神社の宗教学』、櫻井・藤本頼生「伊賀国の式内社」『式内社のしおり』七七号・平成二十年一月参照）。

名張地域では、村の鎮守社を定期的に造替遷宮する慣例がある。これはゾウクと通称されているが、おおよそ二十年ごとに行われ、地域社会の大きな祭事となっている。こうした慣習と神社整理及び宮座行事との関係を名張市黒田で調査分析されたものとして、関沢まゆみ氏の『宮座と老人の民俗』(平成十二年、吉川弘文館)があり、合併問題と伝統的な祭祀儀礼の変化とが論じられている。

定期的ゾウクの慣行が、神社復祀へと導かれる契機となっていることは、伊勢神宮の式《しき》年遷宮《ねんせんぐう》（二十年に一度）に倣う例の多い神宮周辺域や、参宮街道沿いの集落で散見されるところでもある（拙著『地域神社の宗教学』）。名張地域のゾウク慣行の発生は、春日大社（奈良市）の影響ではないかと推測されるが、明確なことは明らかではない。但し、造替遷宮が復祀へと繋がる理由は、明治末期の神社整理が目指した一つの方向性、すなわち一行政村に一神社の存置を目指し、大字ごとに独立して奉斎されていた鎮守社を統合することで、神社を中心とした地域の精神合一（森岡氏の指摘でいえば、神社中心主義というイデオロギー）を目指した施策へのアンチテーゼとして捉えられる。

神社が国家管理されていた戦前期は、行政上の措置として、復祀は原則上認められていなかった。それ故に、被合併神社の地域では、合併先の神社における遷宮への経費負担が行われていたが、抵抗感は強かったとされている。もちろん、合併により自己のムラの遷宮を行う諸負担が軽減され、合併即否定ということでもない地域もあり、一律に捉えることは差し控えるべきではあるが、自己の鎮守社を自己のムラにおいて奉斎したいとの意識はなかなか消えさるものではなかった。

これまで、筆者は、こうした復祀の状況を解明してきたが、必ずしも「元の神を取り戻す」という方向だけではなく、合祀された祭神はそのままとし、新たに神を勧請して独自に祀るという例があることを知ったところで、以下、その点についてふれたい。

ここに紹介する事例の名張市井出は、明治二十二年の市町村制施行により、黒田・結馬《けちば》・井手・安部田・矢川・上三谷・龍口の各村が合併して形成された行政村「錦生村」の内である。明治末期の神社合併では、黒田・結馬・井手の三つの大字間での合併と、他は各大字内部での合併が行われており、一行政村一社という形態はとられなかった。黒田・結馬・井手間の合併は、明治三十九年〜四十一年にかけて実行され、最終的に大字黒田の勝手神社（村社）としてまとめられたものである。

黒田（百三十九世帯、「名張市町別人口統計表」二〇一二年六月による。以下同じ）は内部的に、上黒田と下黒田の二つのムラに分かれ、前者には「上の宮」と通称される「勝手神社」(村社）と「下の宮」と呼ばれる「六所神社」(無格社）とがあり、これら両社等へ大字内の無格社・境内社が合併され、最終的に両社は上黒田の地内に祀られていた金刀比羅神社（無格社）の社地へ集約の上、村社・勝手神社と単称されたものである。金刀比羅神社が合併の中心神社となった理由は、境内地規模などの面で勝っていたことによる。「上の宮」グループと「下の宮」グループとは、それぞれ別個に座の行事が行われてきており、合併後もこの形は変わらずに分かれて行われてきた。大字黒田の住民は、上の宮の氏子であるが、その中に「下の宮」の氏子という住民も存在し、後者の住民は二重氏子という性格をもっていた。二つの氏子グループは、現状では一部混在しており、座の行事を務める負担の関係(「下の宮」の氏子の場合、当番が二重負担となる)から平成二十四年度秋より一本化される予定である。

結馬(五十二世帯)であるが、ここでは八柱神社(村社)が鎮守の社にあたる。神社合併では明治四十～四十一年にかけて八柱神社へ大字内の諸社が合併ののち、大字黒田の勝手神社へ集約された。ただし、現在でも独自に荒神社(祭礼は十月二十日)を集落内に祀っている。

井手(四十一世帯)についてであるが、ここには字城屋敷に桶子神社(村社)と字森ノ本に白山社(無格社)・同境内社四社があり、明治四十一年一月に相次いで大字黒田の勝手神社へ合併された。現在、白山社跡地には石柱が立てられており、そこに稲荷神社が構えられている。

さて、三つの大字間の神社合併以降、従前は大字ごとに営まれてきた秋祭りの方式に一部変化が発生する。すなわち、合併後の勝手神社の祭りは、十一月二日の宵宮と三日の本祭とからなるが、宵宮では、各字の座の行事で中心となるトウヤが、オワタリ（御渡）と称して、トウヤ宅から神社へ行列を仕立てて赴くが、この渡る先の神社が勝手神社となったことである。そして各字の獅子舞は、ムラマワシ（村廻し）といって日中は、大字内の各家を廻るが、宵宮ではトウヤとともに勝手神社へ渡り、境内で舞を奉納することとなった。

本祭は、勝手神社において三か字よりトウヤや神社総代等が参列し、神職による祭典が執り行われた後、座の行事は、それぞれの大字で独自に催されるという形は継承されている。

すなわち、勝手神社を中心として見た場合、氏子組織や祭礼は一元化され、二十年ごとのゾウクに対しても、氏子としての務めは果たされているわけであるが、各大字の視点からみると、獅子舞やムラの座の儀礼は各々独自性を以て行われていることとなる。

このことと、既述のように結馬と井手の二つの大字が、勝手神社とは別に独自に共同奉斎の神社を有していることとは、多少とも関係があると見てよい。それぞれの実態についてはさらなる調査が必要ではあるが、平成十四年度の調査によれば、結馬の荒神社では十月二十八日、井手の稲荷神社では十一月二十二日の日曜日前後に、独自に祭りが行われており(「名張市内トウヤ関連行事一覧」『三重県祭礼行事記録調査報告書　八幡神社の若子祭』平成十五年、名張市教育委員会)、合併先神社での祭礼とは異なる独自性も保たれてきたということになる。

この内、井手の稲荷神社では、平成二十四年四月に、ゾウクが行われることとなり、棟札の事前調査が実施された(平成二十四年一月)。その結果によれば、当社の奉斎について次のような興味深い経緯が記されている棟札の存在が明らかになった(『井手稲荷神社棟札調査報告書』平成二十四年、名張市総務部総務室市史編さん担当)。

【表面】

祭神記(横書)

寿

正一位　稲荷大神

明治十年伏見正一位稲荷大神ヲ此処ニ奉祀ス
明治四十一年神社合祀法ニ依リ黒田勝手神社ニ合祀ス
然ルニ其後モ神跡ヲ慕ヒテ此地ニ参拝スル者多ク近年
益々盛ナルヲ以テ大正十年四月十五日請願シテ伏見正一位
稲荷大神ノ神霊及ヒ神璽ヲ授ケラレ此所ニ更ニ
奉祀セシ者也

【裏面】
大正十年四月十五日
伏見稲荷大神へ
請願ニ出頭セシ者

（七名の氏名については省略）

すなわち当社の創建は、明治十年に京都の伏見稲荷を勧請したものであるが、同四十一年に合併された後、「神跡ヲ慕ヒテ此地ニ参拝スル者多ク」、あらためて伏見稲荷より神霊を勧請し、旧社地に奉斎するという行動がとられたことになる。合併後に旧社地に神社や類似の施設を建設し、諸衆の参拝に提供することは、戦前期の神社行政では禁止されていたが、井手においては、このような行動がとられた。かつての村の鎮守社を復祀するということでもなく、また稲荷の神霊が合併先神社より分祀されたわけではない。こうしたことが、稲荷神という比較的勧請のされやすい事情にあったとしても、ムラの聖域には独自のカミが鎮座していることとなる。

ここに示した事例は、明治末期に生起した神社合併のその後のムラの顛末を垣間見る一例に過ぎない。しかしながら、こうした地域社会におけるカミ存在のあり方を尋ねることで、共同性が維持・継承される上での聖所の存在意味とその表象としてのカミの問題が見えてくるのではなかろうか。冒頭で示した、今日の神社・神社神道の動向を地域神社の視点から眺めた時、地域コミュニティに求められるものが何であるかを暗示していようし、そこにソーシャル・キャピタルとしての役割を考える必要もあろう。

変装する動物たち
―御頭神事と英国ホビーホース―

花魁道中

新春に各家の門先を訪れて、笛や太鼓の楽に合わせて獅子舞を演じ、泣き叫ぶ子供たちの頭を噛み、「おひねり」と引き換えにお札を渡して歩く一群の姿も、今日ではほとんど見かけない光景となったようである。桑名市太夫町に本拠を置く伊勢大神楽《いせだいかぐら》の集団も時代の波につれて、徐々に「店じまい」をする状況にあると聞く。それでも獅子の訪れを待つ村々・人々は、年に一度の再会を心待ちにし、この異形の動物こそ一年の災厄を退けるカミとして迎えている。

毎年十二月二十四日、桑名の増田神社では、一年間の巡舞を終えた一行が、感謝を捧げる舞と共に放下《ほうか》の古曲を奉納する。手鞠・水・綾取・剣三番叟・傘・献燈の古曲は、われわれに伝統芸の息づく様を伝えてくれるし、鈴・四方・扇・跳び・楽々の各舞は、それが単なる見せ物ではなく、深い文化の根幹を照射しているようにも感じられる。放下の新曲の一つに「魁曲《らんぎょく》」がある。これは「花魁道中の曲《おいらんどうちゅうのきょく》」の省略とかで、台師の上に乗った獅子が、あっという間に花魁に化け、白粉を塗ったり、日傘をさしたりと、すばやく場面を展開させながら、野外芸の極致を見せていく。

化粧する獅子

伊勢市西豊浜町森地区。毎年二月十日に行われる「御頭神事《おかしらしんじ》」は早朝四時の柏手の音とともに始まる。御頭を祀る「お宮」の前で、区長をはじめ神事当番たちが恭しく拝礼したのち、社殿の扉がおもむろに開き、一体の獅子頭が取り出され、区長の手により公民館の前に置かれた太鼓の上に安置される。ここからは、川で厳重に潔斎《けっさい》をした「神楽師」に御頭はゆだねられる。

彼等が紙袋から取り出したのは口紅と白粉。神楽師が念入りに装いを施すのは、この御頭なのである。酒に溶かした白粉と口紅で、徐々に容貌を整えていく。頭部に結えられた、真新しい白色の紙垂《しで》を整えてヘアーセットが完了。口を開けて重ね餅を噛ませれば、まさに御頭が息を吹きかえす瞬間である。

御頭は再び「お宮」に運ばれ、神職による祭典が執り行われて、いよいよムラ人の前にカミとして現れる。各家々を訪れる御頭に、人々は一年の除災を願い、その口に「おひねり」を入れる。その後、いくつかの場所で丁寧に獅子舞が行われ、行事のフィナーレを告げる「打ち祭り」が終了するのは夜中のことである。人知れず行われる「打ち祭り」は、ムラの「はずれ」で、御頭の立会いのもと、木製の剣先を付けた青竹を一刀両断に切り捨て、跡も見ずに一目散に逃げ帰る行事である。これによりムラの悪魔が祓われたとされている。御頭の化粧が落とされ、再び社殿に納められた時から、このムラの新玉の年がはじまるといってよかろう。

どうして御頭は化粧をするのであろうか。私はこれを「カミ祭りの作法」と理解したい。日本の祭りには、その時にあたって祭場をしつらえ、あるいは祭りの庭を飾ることがなされている。万葉集の大伴坂上郎女の「神を祭る歌」にも「奥山の賢木《さかき》の枝にしらか付け木《ゆ》綿《ふ》取り付けて斎瓮《いはひへ》を斎《いは》ひ掘り据ゑ竹玉《たかたま》を繁《しじ》に貫き垂れ」(三七九番)と見え、また古く伊勢の神宮では、その最も重い祭である「神嘗祭《かんなめさい》」に先だって、人々はみずみずしい榊を持ち寄り社殿を飾った。年ごとに、新たに装われることによってカミマツリが始まるという祭りの形が、「御頭を粧う」ことの行為にも伝えられてきたのではないだろうか。

獅子と天狗の拮抗

伊勢地方では、獅子舞行事のことを「御頭神事」あるいはただ「神事」とだけ呼んでいる。神事は単なる舞を見せる行事ではなく、一連の構成された共同体儀礼である。三重県度会郡度会町棚橋の獅子は、対岸の雌獅子とラブコールを交わす。昔、宮川を遡行してきた二頭の獅子のうち、「おさき」(女)は向いの村へ、「だいじょう」(男)は日の丸扇子であおいで迎えたこの村にたどり着いたという。それゆえに、太鼓に合わせた舞では「ドーンドーン・ダイジョー」「ドーンドーン・サキョーン」と呼び合うのだと。数十年前までは、御頭にカメラを向けることさえはばかられたほどに、ムラにとっては神聖な存在である。

御頭神事にも、天狗が相い方で登場する。獅子の容貌が、ギラリとした眼と、すべてを飲み込んでしまいそうな大きな口で人に迫りくるならば、天狗の面は鼻高で、ときには怒ったように、また笑っているかのように、不思議な顔に作製されている。獅子が威厳を示す役なら、天狗は道化役を演ずることもある。

棚橋の神事は昼と夜とで著しい対照を見せる。日中の当番宿の座敷での獅子舞に対して、闇夜の庭では御頭と天狗の儀礼的な戦いが演じられる。昼の主役が御頭とすれば、夜のスターは天狗である。薄明りの庭先を、子供たちは天狗に引き連れられて駆け回る。女性をめがけて、あるいは土足のまま家の中を駆け抜ける。天狗が騒げば騒ぐほどよしとされている。その間、獅子は静かに庭の片隅にたたずみ、天狗が近寄ってきて「あやさないと」動けない。この小悪党天狗は、大地に寝そべった獅子を馬に見立てて、それに跨り、見物人と奇妙な問答を交わす。「その馬の尻尾は形が悪い」という見物人の難癖に、天狗は笑いを誘いながら軽妙に答えていく。問答が途絶えた頃、再び御頭は勢いよく飛び上がり、天狗のあおぐ扇子に合わせて激しく跳ね廻る。夜の帳の中で営まれるこの行事は、人類文化に古くから内包されている、死と再生をテーマとしたドラマを演じているようにも見うけられる。

ホビーホース

年の変わり目は、古い世界が去り、新しい世を迎える緊張の時である。ヨーロッパの年中行事はほとんど十一月から七月の間に集中しているが、そこには三つの違ったサイクルがみられると指摘されている。すなわち、十一月～一月六日まで（クリスマス・正月を中心、新暦で決まっている）と、三・四月（復活祭を中心、太陰暦ゆえ春の最初の満月の次の日曜が祭日となり三月二十一日～四月二十八日の間で動く）と、五月の一連の祭りを主とし五月一日という新暦での日を中心とした区分である。いずれのサイクルも「正月」行事が中心だが、一年の起点が異なっていたわけである。

イングランドの民俗行事は、清教徒革命や産業革命などの影響があって、ほとんど見られなくなった。それでも注意深く眺めてみると、それらが根強く残っていたり、またモダン・ヴァージョンで人々の楽しみになっていることも少なくない。

五月一日のメーデーは、労働者の祭典という以上に、はるかに長い歴史を持つ、季節と深く結び付いた儀礼である。イングランドの西南の港町、コーンワルのパドストウでは、

「ホビーホース」の登場する、伝統ある五月祭が華やかに行われる。土地の人々は「オビー・オス（Obby Oss）」とか呼んでいるが、一般に「ホビーホース（Hobby horse）」といえば「木馬・揺り馬」「棒のさきに馬の頭のついたおもちゃ」ということになっている。沖縄のジュリマを想像させるが、馬の被りもので身をやつし、町々・村々を回って、「おあし」を求めることも、かつては広く行われていた。

パドストウには二頭のオスがいる。一つを「オールド・オス」あるいは「レッドリボン・オス」、もう一つを「ブルーリボン・オス」という。形態は同じであるが、両者はことごとく対抗し合う存在である。前者は仲間のパブ（居酒屋）に、後者は別の集会所に保管されている。オスの本体は黒塗りで、硬い円盤状の部分に柔らかい布が円筒状に接合されている。円盤の中央には白髭の奇妙な仮面が付され、オスの中に入った人がこの仮面を被るので、一人立ちのオスということになる。筒の上部脇には馬の頭部が、その反対側には尻尾があり、またオスには必ず彼をあやす、こん棒を持ったティーザ（Teaser）とよばれる役目の者がつき従う。

アニマル・ディスガイズ

祭りが近づくと、町の中央にペンキ塗りの五月柱が立てられ、家々の入り口両脇は常緑樹の小枝で飾られる。屋台が並び、ゲーム機・射的・回転木馬・見せ物小屋もしつらえられ、日本の祭の光景とほとんど変わりはない。祭り当日ともなると、子供は母親に小遣いをねだり、大人たちは一日中パブで飲んだくれる。こうした中、軽快なアコーディオンの伴奏に合わせて、このオスは一日中町の中を踊り巡る。

赤たすきを懸けたグループは伝統意識の強い「オールド・オス」の周りを固め、新参の「ブルーリボン・オス」には青いたすきを懸けた人たちがつき従う。前者がグ

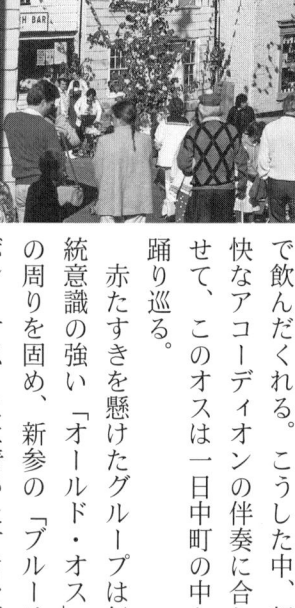

ループへの帰属を強調するのに対して、後者は誰でも歓迎という立場である。二頭のオスはメーポールの下で出会う以外は、巡る道筋を違えている。かつて、両者の出会いの行き違いから、大乱闘があったという。
ティーザに導かれるオスは、時に地に伏せるように、静かに身動き一つせずうずくまる。この時、音楽は一転して悲しげなメロディーに変わり、つき従っていた娘たちも身を屈める。それはオスの死のときである。再び華やかな音楽に移ったとき、娘たちは一斉にヤーとかけ声をあげて身を起こし、同時に大地を飛び離れてティーザに合わせ激しく舞を演ずるオスは、甦りのシンボルといわれている。かつて、オスは逃げ回る娘たちを追いつめ、その身体の内に引き入れて、顔に墨を塗り付けた。墨付き娘は、その年に子宝を得るとい

われては、オスの示す豊穣性に彼女たちの心も両様に動いたことであろう。

踊りは、中心とそれを取り囲み共に身体を動かす人々とのつながりの中で、その場の者に感情の高まりを与える。見物されるだけでは、オスも乗ってこない。かつて、ロンドンの民俗芸能大会の舞台に「オビー・オス」が立つことになった時、パドストウの娘たちは「オスが一人じゃかわいそう」と、追いかけられ役に馳せ参じ、ロンドン娘の鼻をあかしたという。

古今東西、祭りには似かよっている点も多いであろう。動物《アニマル》に変装《ディスガイズ》しての儀礼も、なおいろいろと比べてみる価値があるように思われるが、異形のカミの登場は、祭りの人々に強烈なインパクトを与えることは確かである。

「星祭り」で神宮参拝
――ヤーヤ祭と尾鷲――

紀北地域の獅子行事

菜の花が咲き誇る伊勢志摩地方では、新春の行事である弓射神事や獅子行事が各ムラでおこなわれている。

天地あるいは的に向けて放たれる矢は鬼を退け、獅子に付された災厄はムラ境から外に追いやられる。太神楽の一行が家々を訪問して門祓いをおこなう獅子舞とは違って、この地方ではムラごとにおこなわれる獅子行事を「御頭《おかしら》神事」と呼んでいる。

国の重要無形文化財指定を受けている三重県度会郡御薗村高向（現伊勢市御薗村高向）の神事（二月十一日）は著名なものであるが、獅子行事の分布を概観してみると、奥志摩地方の南部に位置する紀北地域では意外に少ない。そうした中で、海に面した尾鷲市の尾鷲神社で二月一日~五日にかけておこなわれる例祭（通称ヤーヤ祭）に登場する獅子は、孤立的に存在する注目すべき事例といえる。

祭好きの尾鷲人

名古屋から尾鷲までJR特急で約二時間半。鉄道・道路網が整えられ便利となった紀北地域とはいえ、複雑に海が入り組んだ村里は孤立性が高く、かえってそれら交通基盤の整備が、人口の減少化を促進したことも否めない。

尾鷲市の人口は現在のところ約二万七千人（平成三年）、昭和四十六年の三万三千余人をピークに減少し、かつて町中に褌姿で溢れた青年達、祭りを担ってきた彼らの姿は見えがたくなった。しかしながら、「祭り好き」の尾鷲人の熱気は、なおこの祭りの随所に現れる。

ヤーヤ祭では、尾鷲神社の氏子地域二十か町が、輪番で毎年三か町ずつ一番~三番の党務町をつとめ、各町で責任をもってトウ（当）人をはじめ九名のヤクド（役人）等を定め、行事を担うという形態をとっている。近世の状況では、これらトウ人を差定する責任は宮座の親方衆が負い、彼らが祭礼の運営や執行に権限を持つという重要な立場にあった。そして、神主は祭儀の諸場面で司式者をつとめて来た。

特に大きな変化は、明治以降になって町組が祭礼を支え、町頭会が祭りを取り仕切るに至ったことであり、近年は氏子総代会の意向も強く反映されるようになった。

ヤーヤ祭の次第

実際の祭礼は一か月前の一月八日から始まる。この日に町内の集会所などしかるべき場所をトウヤ（当屋）と定め、注連縄《しめなわ》を張り巡らした一室に、稲藁百二十束で作成した巻藁《まきわら》を安置して神霊を奉斎する「巻藁結《ゆい》」神事がある。以降、二月の祭礼が終了するまでトウ人達は厳重な物忌生活に入るが、今日ではこうした禁忌も総体的に減退したといえる。

しかしながら、二月一日午前零時の本殿「扉開き」から五日までの期間は、近世中期以来の伝統的な行事や習俗が伝承され、基本的な構成はよく保たれている。トウ人及びヤクドの者は毎夕刻になると浜へ赴き、「垢離《こり》かき」と称して全裸で禊をおこなうようになっており、その場面がややもすれば喧伝されるきらいがある。垢離かきには各町からヤーヤ衆と呼ばれる青年達が、「チョーサジャ」のかけ声とともに付き従い、道中で身体をぶつけ合い練ることとなっている。祭りの熱気が伝わってくる場面である。

重要な行事は最終日の五日に集中している。この日は、午後より「宮登《みやのぼ》り」といって、三組のトウヤ一行が各々役割を定めて隊列を組み神社へ向かうが、その前後に他の町々が道中手踊りでもってサポートすることになっている。日中のことゆえに祭り見物の人々も多い。

夕刻、行列がすべてお宮に到着し参拝を済ませると、トウ人達の垢離かき、宮座親方衆立会いの下での弓射神事・御獅子の出御・トウ渡しと続き、最後に次の党務町までトウ送りをして終了となる。

獅子は尾鷲神社の御神体ともいわれ、本殿には鎌倉期製作の獅子頭（三重県有形民俗文化財指定）が奉安され、祭りでは獅子殿に奉斎の新しい獅子頭が用いられる。厳粛な雰囲気の中で、祭座殿に運ばれた獅子は太鼓の合図とともに立ち上がり、「お獅子じゃ、お獅子じゃ」のかけ声とともに、一の鳥居付近まで出御となり、すぐに戻ってきて再び獅子殿に奉斎される。

獅子頭を被って舞うというよりも、年に一度、カミが氏子の前にその姿を瞬時顕現すると表現するのがふさわしいように思われる。鳥居から戻るときの回り方で、山側・海側の豊作や大漁が占われるのも年初にちなむ行事の故であろう。

弓結行事

獅子の出御に先だっておこなわれるのが「弓結神事《ゆみゆい》」といわれる弓射行事である。神職が的を清める儀式をおこない、三名の弓射役が仕来たりに従って十メートル程離れた的に対峙する。彼らは二週間ほど前から練習し、この日に臨むのであるが、中学生が担当している。党務町の期待をになって神妙にその役をこなし、一射ごとに歓声が沸き上がる。競射会とは異なり、的に当たるというよりも、矢が射られることに比重が置かれている様子は、神事としての弓射の姿を充分に留めていよう。

ところで、的の中央には直径一メートル大の円の中心に黒色の小円が描かれている。これを「星」と呼んで、ここに当てるのはかなり難事であり、これを射た党務町は「星祭り」と称して神宮へお礼の参拝を実施する慣例となっている。

平成八年は今町の湯浅祥史君が見事に星を射止め、トウ人をはじめヤクドの人々が、坂本道子宮司夫人、氏子総代上村楠夫・町総代梅谷幸一氏引率のもと、親族とともに去る二月十八日にバス二台で参宮、内宮にて無事神恩報謝を捧げられた。

参拝にあたって各ヤクドは、祭礼時のままに衣装を着し行列を整えたが、歌舞伎の隈取りを模し化粧回しを帯びた長刀振や、矢取・飾弓持・神飯持《かみのめしもち》・甘酒持といった童児達の姿は、前日の雪で化粧された神苑に映え、多くの参詣者からも注目を浴びていた。こうしたお礼の参拝は二十年ぶりとのことで、内宮《ないくう》御鎮座二千年（平成八年）記念ということと相まって、今町の方々にとり意義深い年となったことであろう。

神領尾鷲

尾鷲《おわせ》地域は、かつて神宮の神領であったとされる。

尾鷲神社（明治以前は大宝天王社）の御祭神は建速須佐之男命《たけはやすさのおのみこと》であるが、社殿形式は外宮《げくう》と同様の造りで、二十年ごとの遷宮を実施し、近世には外宮の神官がやって来て遷宮式《せんぐう》を斎行したとある。このような慣例が、尾鷲と神宮との関係を深めるに至った結果であろうと推測されるが、今なお祭りを通じて人々の意識の中に神宮が覚醒されるという伝統の重みには注目してよかろう。

こうした地域社会の祭礼行事に連動してお伊勢参りが実施されるという慣習がどれほど各地に伝承されているのか、祭りの調査にはまだまだ追究すべきテーマが潜んでいるようである。

御田の祭
―なされごとの世界―

五月五日の風景

豊年踊。「ハエーヤ　ハエ」「ハエーヤ　ハエ」のかけ声に合わせて、次々と場面が展開する伊勢市の猿田彦《さるたひこ》神社の拝殿前庭は、その日限りの劇場となる。一連のドラマを演ずる踊り方と円状に取り囲む人々との間には、目に見えない気脈が通い合っているように感じられる。五月五日には全国各地でさまざまな行事が営まれる。今日的な状況では、ゴールデン・ウイークの一日であるが、伝統的な生活スタイルからすれば「端午の節供」という、五節供の一つに数えられる重要な年中行事日である。沖縄・九州・中国地方の一部では、なお旧暦に従ってなされているようであるが、鯉のぼり・武者人形・鍾馗《しょうき》さま・菖蒲湯・茅巻・柏餅・蓬餅といえば、この日にゆかりの飾りであり儀礼食である。また、凧あげ・舟競漕・競馬・流鏑馬など、特有の伝統行事もなされる。

猿田彦神社の御田祭は六月一日であったが、現在では五月五日の祝日に行われている。境内には華やかな衣裳を身につけた八乙女や稚児たちが、緊張した面もちとともに可愛らしい笑みを浮かべている。皐月や草花の青空市も開かれ、いかにもこの季節を印象づける彩りが添えられる。愛媛県越智郡大三島町の大山祇《おおやまつみ》神社でも、五月五日の御田植祭では、見えざる稲の精霊を相手に取り組みをするといわれる「一人相撲」が演ぜられる。相撲は神事に由来するとの指摘から考えれば、一種の儀礼的な聖なる戦いということになろう。

御田植祭

工業化社会・情報化社会へ変容したとされる現在ではあるが、長らく日本社会の基層をなし、日本人の行動様式や文化形成に深く関わってきたのは稲作りの歴史である。その歴史は同時に、稲についてのさまざまな文化を花開かせてきた。稲をめぐる祭の姿もその一つであり、また外見は別な姿をとっている祭が、実際には稲の信仰を内包させている場合もある。自然との対峙がより直接的であった前代ほど、稲の生育、豊かな収穫は社会全体の関心事となっていた。不作は、個々人の問題のみならず共同社会そのものの死に直結する凶事である。社会はその共有する意志として、稲作り作業の開始時には、これからさきの平安を願い、収穫時には稔りを感謝するという儀礼を繰り返し行うことによって、その稔りを確信してきたのである。そして、稲の祭を重ねることが儀礼の構成や内容を整序づけ、一方で日々祈り働く姿を儀礼に表象化してきたといえよう。

御田植の祭も、その一つである。稲作りに関連する行事に「田遊び」「御田」「田打ち」「御田植」「大田植」「御田代祭」などと呼ばれる一群の儀礼がある。民俗行事の研究においては、それに伴う芸能性に注目して、これらを①「田遊び系」と②「御田植祭系」とに区分されている。前者は年始めや、実際の農作業が開始されるにあたり、一連の稲作作業と豊かな収穫の様子とを模擬的に演じて「遊ぶ」ものである。ただし「遊ぶ」といっても、アソビは単なる遊興の意味ではなく、マツリと同義的に用いられた言葉である。後者は、実際に田植えの作業が伴われているもので、現在各地で行われる古風な行事は、中世の様相を伝承しているとの指摘があるが、時代を経るに従ってかなり様式化された内容となっている。楽の調子に合わせて、田植え歌とともに早乙女たちによって早苗が植えられていく様は、華やかさの反面、大変な労働作業であったことはいうまでもない。田植は半夏生（夏至から十一日目）までに終えられるのが通例であった。その頃になると、葉の半面を白化粧したようなハンゲショウの草が目に付く地域もあろう。田植えが終ると、サナブリ・サノボリなどと称し、祝いの膳を用意して慰労の会が催されたり、さらには奉公者が薮入《やぶいり》で休暇を得て帰郷する風習もあった。

「いにしへもかくぞありけむ」

伊勢・志摩地方では、意外に秋祭りが少ない。十月中旬に伊勢市で行われる「大祭」は、伊勢神宮の神嘗祭《かんなめさい》に合わせた行事である。むしろ、正月行事、六月・七月中旬の「浅間さん」や「天王さん」「祇園さん」、あるいは盆時期の「会式《えしき》」、また殆ど姿を消してしまった十一月・十二月の「山の神さん」などが特徴的である。初穂を神に捧げ、それを共にいただく収穫時の祭は、神嘗祭に収斂されたかのような印象を受ける。神宮の年中祭祀には、①毎日大神に食事を奉る日別朝夕大御饌祭《ひごとあさゆうおおみけさい》、②一年を二分した形で六月・十二月に行われる月次祭《つきなみさい》、そして③稲の祭という点で一連のつながりをもつ、祈年祭《きねんさい》（二月）・神田下種祭《しんでんげしゅさい》

（四月）・御田植初《おたうえはじめ》（五月）・風日祈祭《かざひのみさい》（五月・八月）・神御衣祭《かんみそさい》（五月・十月）・抜穂祭《ぬいぼさい》（九月）・神嘗祭（十月）の祭典行事群がある。右のうち、二度の月次祭と神嘗祭とは三節祭と呼ばれ、由貴《ゆき》の夕《ゆうべ》朝《あした》大御饌《おおみけ》供進《きょうしん》があり、勅使によって幣帛《へいはく》が奉られる。さらに、神嘗祭はそれらのなかでも最も重い位置づけにある。③の行事群は、まさに稲作りの過程に添っている。まず、その年の豊作を祈念し、稲種を蒔き、田植えを行い、稲の生育にあたって風雨の順調なことを願い、やがて収穫が近付くと大神の神御衣を新たに整え、そして初穂を献ずるという流れである。神田下種祭は、古くは二月の最初の子日が祭日であった。平安時代初期に作成された『皇太神宮《こうたいじんぐう》儀式帳』（内宮《ないくう》）・『止由気宮《とゆけぐう》儀式帳』（外宮《げくう》）という神宮の古記録には、次のような行事次第が記されている。

この日、禰宜・内人が山向物忌子《やまげのものいみのこ》という神聖な子どもを引率して山へ向かう。山口で祭を行ったのち、櫟木の根元で木本祭《このもとさい》を営み、伐採後それを山から運びだし、まず耕作のための清浄な鍬を作る。そして、神田の土を耕し、田耕歌・田舞をかなで、稲種が蒔きおろされる。田耕や種蒔きにあたっても、物忌の子どもが先ず手を初めてから、大人たちが本格的な作業を行うことになっていた。大神への日常の供御を奉る米を作る田であるが故に、こうした清浄性が求められたというだけに止まらず、日本社会の奉斎する大神に、日々「物忌」という状況で奉仕する存在による田植えが、神聖の行為そのものとして象徴化されていると窺えよう。この箇所を外宮の『止由気宮儀式帳』では、稲を「植える状を為す」と記されており、ある種のモドキ、すなわち模擬の行為が伴われていたようである。史料的には後代に下るが、建久三年（一一九二）の『皇太神宮年中行事』は「鍬山伊賀利神事《くわやまいがりしんじ》」（二月一日）として、「田遊び」「田態」があったことを伝えている。行事の場所は神田ではなく、本宮で行われたものであるが、いまその概要を列記してみよう。

1、山で伐採した堅木で鍬や葛の笠（木綿葛）を作る。藁や小石を準備しておく。
2、酒献を交わしたのち、行事が始まる。
3、各人に笠・鍬・藁で編んだ裹《つと》・「御種」に見立てた小石を渡す。
4、祝言の和歌を申し、各人が御種を藁裹に入れる。
5、各自笠を冠等に懸け、まず内人が鍬を手に「今年天下泰平諸人安穏年穀豊に稔るべし」と祈り唱えて大地を打つ。この時、他の者も「賀最《かさい》」と唱和して大地を打つ。

6、次に内人が、桶に入れた種（小石）を蒔く。

7、別の内人はその様を巡見し、鍬を立てて「今年の御苗は前々の年より勝れて大逞《たくましう》出来御座《おはします》」と申す。

8、やがて、藁を蕃殖（よく繁ること）した稲に見立てて「田植遊び」をする。その時に、次のような歌がうたわれる。

あな楽し　今日の楽しさ　いにしへも　かくぞありけむ　今日の楽しさ

この時、鼓の代りに折敷《おしき》が用いられている。

9、行事が終ると「年実」とも称す小石を各自持ち帰る。

右の次第は、明らかに田打ちから田植えまでを模擬的に演じた「ナサレゴト」であると認められよう。トシの初めに行われるこのアソビは、演ぜられること自体が神態《かむわざ》であり、祭式である。「天下泰平諸人安穏」そして「年穀豊稔」の祈りは、昨年よりもさらに今年の苗がよく繁ることで成就されている。その楽しさは昔もそうであり、今日もそうである。

この確信こそ、来る秋の豊穣を彷彿とさせるものである。この時、模擬はまさにリアリティー（現実性）を示し、小石は聖なる稲種そのものと観念されたことであろう。

「なされごと」の世界

小石とは異なって、松葉を用いて御田植行事がなされる場合もある。あるいは、年初めの行事で、松葉を奪い合うこともある。三重県多気郡大台町栃原の川添神社で二月十九日に行われる「ごみかけ祭」では、萬歳楽や弓射神事の最後に苗松の激しい争奪戦がなされる。小松を引く行為は、春を呼ぶ宗教儀礼であったが、こうした常磐の緑は、同時に早苗のイメージと強く結び付いている。たった一つの苗松を得た人は、稔りへの大いなる祈りと期待とを秘めて、それを大切に神棚に供えておくという。

伊勢・志摩地方では正月行事が多いと述べたが、なかでも獅子舞はこの時期の風物詩である。関東地方では、田植え頃に獅子舞が訪れ、田を祓って回る習慣があるという。伊勢・志摩でも春先に獅子が家々を巡舞する光景も見られるが、むしろムラ〳〵で行われる「御《お》頭《かしら》神事《しんじ》」が特色となっている。御頭とは獅子頭のことであり、一般にこの日を「神事」

とも呼ぶ。度会郡南勢町切原（現度会郡南伊勢町切原）の神事では「春田打ち」行事も行われる。元来は旧暦正月十五日であったが、近年は正月の第二土曜日となっている。毎年当番が交代してこの行事を務めるが、中心となるウブシナトウパン（当屋）は一年間斎戒《さいかい》状態で過ごし、自宅の神棚の手前に特製の棚を吊し、神を祀っている。斎戒の習俗は緩んできているが、他出するときは自分専用の茶を水筒にいれて持参するなど、食物の禁忌もしかるべき心懸けが必要とされている。「春田打ち」は、十五名のジュウゴニチバン（十五日番）の面々が配役を定めて、当屋の庭先で行う演劇である。田打ちから始まり、牛が鋤を引っ張り、田掻き、草敷き、種蒔、苗取り、田植えと続く農

作業が模擬的に演じられ、最後に臨月の女性の腹が痛みだし、一同大慌てをするといった内容である。いずれも男性が、時にはアドリブを交え軽妙に上演するこのナサレゴトは、逸脱した場面を含みながら、周囲の人々との応答のなかで興奮を引き起こす。臨月の女性は、豊かな稔りを象徴的に示している。

ここでもみられる種々の演技は、私たちに祭の意味を伝えるシルシである。場のしつらえ、しぐさ、言葉といった祭の構成要素、そして参加者の様相が語りかけている内容は簡単に見逃せない重要な意味が込められているということができる。

猿田彦神社の御田祭

当社の御田祭は伊勢市楠部町の人たちによって奉仕されている。楠部町には神宮の神田である「御常供田《みじょうくでん》」がある。前述の子日行事も、神宮の神田で育成される稲の祭である。明治四年の上知政策によって神田の状況が旧来と変更となり、それが現在地に復興されたのは明治二十二年のことで、御田植神事も一時期中断し、大正十三年からその一部が再興され、今日へと継承されるに到った。祭は、神宮神田及び内宮摂社の大土御祖神社《おおつちみおやじんじゃ》で、五月中旬に行われている。奉仕者は同じく楠部町の人々である。両行事とも、三重県の無形民俗文化財指定を受けているが、二所での御田植祭奉仕の形態は、前述の変革期の歴史的背景ともかかわっている。両行事ともに内容的にはほぼ同様であるが、行事名が多少異なっていたり、祭の参加者も、当社では地域の子供たちが稚児として登場するなど新たな展開もみられる。

当社の御田祭は、大きく三つの部分から構成されている。それらは、①本殿での祭典、②神田祭、③豊年踊である。①では神職が主体となり、修祓《しゅばつ》・宮司一拝・献饌《けんせん》・祝詞奏上・奏楽（みちびきの舞）・玉串拝礼・宮司一拝という順序に従って整った形式で営まれる。最後に、御幣《ごへい》が一人の乙女に、そして折敷へ載せた「玉苗」が八乙女に渡される。あくまでも、緊張感の張り付めた厳粛な雰囲気のうちにことが進行する。

祭典が終了すると、一行は本殿背後の神田に参進して②神田祭が始まる。御幣が建てられ、ここを祭場の中心として神職により祭典が行われたのち、八乙女から玉苗が植方《うえかた》に渡され挿苗（田植え）が始まる。祭典の神饌《しんせん》に飛魚がある。その由来は定かではないが、特別な供えものとなっている。

田植えは、神職が検知するなか、男女十六名が交互に一列に並び、楽に合わせ玉苗から手際よく植えて行く。植方の男性は侍烏帽子《さむらいえぼし》、女性は手甲《てっこう》・脚絆《きゃはん》に市女笠《いちめがさ》を被り、桃山時代の風が今に生かされているという。『三重県下の特殊神事』(昭和十三年刊)によれば、「植男は角烏帽子白地に稲の模様ある衣服水色襷縄帯」「植女は菅笠鼠色定紋付の衣服黒シス丸帯白縮の腰巻手甲脚袢赤袴」の出で立ちであったようだが、水のたたえられた田に映えわたる様子は現在も同じであろう。

楽人の構成は、桶楽・太鼓・鼓・笛・簓《ささら》で、桶楽は木綿《ゆう》鬘《かずら》を頭に付け、山吹色の水干《すいかん》を着した少年の所役となっている。『三重県下の特殊神事』には「御田の歌」が採録されているが、歌詞には「黒烏」「白羽」「しらけ(精米)」など、晴雨を表象化する言葉があったり、「いねは三はで、そね《(米)》ははちこくや、そもよかなれや」等と豊穣性が唄い込まれている。

苗が植え終えられると、団扇角力《うちわすもう》が行われる。大黒天と戎子とを描いた大団扇を奉持した二名の男性が、田の中央に進み、左回りに三度、苗を踏まないように注意しながら回り、最後に二つの団扇を重ね左右へ三度傾ける。本年の豊作の吉凶を占うとされているが、大黒と戎子とはともに豊かさをもたらすカミガミであり、二つの団扇が合わせせられることによって、神威も弥々、稲田に蒙るように見受けられる。伊勢神宮の別宮《べつぐう》である伊雑宮《いざわのみや》（志摩郡磯部町）の「御田植祭（おみた）」では、早苗が植えられる前に、神田へ大団扇が倒され、泥を方々に飛ばせながら団扇の奪い合いがなされるが、この団扇は漁師の方達にとって大切な縁起物となっており、船に飾られたりする。

豊年踊

神田祭が、(a) 無事なる生育への真摯な願いを込めた祭典、(b) 実際の田植えの行為と、(c)「豊凶を占う」という未知なる経験への予見の儀式という三種から構成されたものとすると、③豊年踊は、豊穣を確認し、そして緊張した諸行事の終わりを告げる儀礼として配置されている。

場面は本殿前の庭に移る。拝殿を背にして宮司以下の神職と八乙女とが着床し、大団扇は傍らに立てかけられる。見物の人々が中央を開けて円く取り囲むなか、鳥居をくぐって、演者達が参入する。楽人に続いて、「踊り方」十名が、右手には広げた扇、左手に「羽団扇《はうちわ》」

を持ち、それらを上下に交差させるように、「ハエーヤ　ハエ」の掛け声をかけながら祭の庭に現れる。これは「踊込み」とか「祝入り《ほぎい》」と称されている。神宮神田の御田植祭では、近くの大土御祖神社への祝入れがある。伊雑宮では、神田から同宮への踊込みという形をとる。

豊年踊は、（a）ホコリ、（b）舟漕、（c）トウ舞（堂舞）、（d）ホコリ、（e）秘曲奉奏から成り立っているが、ホコリは踊込みと同じような所作にて南廻りに三度踊って舞うもので、前と後とに行われている。名称の意味はよくわからないが、踊りの構成から見れば、（a）は神楽舞などで舞始めにあたって舞台の四方を祓う行為のようでもあり、（d）は舞納めの所作に相当する位置にある。

舟漕ぎは、神前に向かい、羽団扇を船に見立てて櫓で漕ぐ所作を行う。伊雑宮の御田植祭でも、大団扇には帆掛け船の図柄が描かれ、また太鼓を打つ女装の童男も田船に乗っている。田と船との結び付きの強さを窺わせるが、意味する内容は未だ考え得ていない。

トウ舞は、（1）藁を打つ所作にはじまり、（2）縄を結い、（3）鼓を俵に見立てての米俵作成、（4）俵一杯の米を蔵へ搬送、（5）米泥棒がそれを盗むさま、（6）盗人からの奪還

伊勢市豊浜町・高羽江社の御田植祭

というストーリー性を持った一種の無言劇である。「ハエーヤ　ハエ」の唱和以外に台詞はなく、コミカルに演じられる内容が周囲の人々の笑いをさそい、演者と観客との差が一気に縮まる和楽の場面となる。

（1）～（6）の内容は、基本的に収穫時の光景である。このように多くの稔があったという豊作の様子を現実のものとして再現しているわけである。本殿での祭典や神田祭は、稲作りの過程の姿である。それに対して、御田祭の後半部は、豊作への限りない願いが込められていると見なしてよかろうが、それ以上に、やがて秋にはこのようになるという結果を確信するために演ぜられる聖なる予祝の儀礼劇であるといえる。

祈年祭の古代の祝詞には、格式ある言葉で、豊かな初穂を充分に神前へ捧げお祝いを申し上げる旨を述べている。ちょうどその主旨のように、豊年踊などを含む一群の行事から構成される御田祭は、しぐさで奏上される祈年の祝詞と見なせよう。踊りが終わって演者たちが退出すると、神前に捧げられていた大団扇が、まず宮司の手により破られ、まもなく参列者たちによる団扇の奪い合いとなる。すっかり元の姿を失った団扇と、その紙片を手にした人々の笑顔とは対象的である。祭に使用された聖なる物の措置としては、いささか激しすぎるかもしれないが、この破壊は、祭という非日常的な時空間から、再び日々のいそしみへと、瞬時に私たちを戻す重要な境界性を帯びた儀礼行為といえよう。

鎮守の森は「神明の舎」
―祭祀空間と自然―

港湾に流入する河川上流の山林を海辺の人々が育てるようになった。それは、自己の生活空間が孤立して存在しているのではなく、他者の生活空間ともつながっており、それを尊重してこそ自己も存在する。自然の中に私たちはまさに「生かされている」のである。

水底の聖地

丹生《にう》川上《かわかみ》神社《じんじゃ》上社《かみしゃ》という社が、奈良県吉野郡川上村字迫に鎮座している。社名が示すように、この社は吉野川の上流に位置し、水をつかさどる神が祀られている。「上社」と称されるのは、同じく吉野川水系にある丹生川上神社中社・下社に対比してのことである。十世紀初に編纂された法典『延喜式』や古記録の教えるところでは、「丹生川上神社」

は、京都市の北方、賀茂川の上流に鎮座する貴船《きふね》神社とともに、古くから国家的な祭祀の場、すなわち祈雨・止雨を希求する祭りの営まれる聖地であった。晴れを願う時には白毛の馬を、雨を願うときには黒毛の馬が奉られていた。

上社を訪れると、立派なご社殿をはじめ諸施設が、谷底を見おろす山腹の新造地に建てられている。この新社殿に神様が遷られたのは平成十一年四月のことで、それまでは遥か下方の川辺に祀られていた。伊勢湾台風の苦い体験後に計画された、大滝ダム建設という一大プロジェクトに伴い、水没するムラの最後の代表として遷座なったわけであるが、ご社殿を抱いていた社叢の姿はもう戻って来ない。

秋田県南秋田郡大潟村は、第二次大戦後の食糧自給と大型営農という新たな農業経営を目指して行われた八郎潟国営干拓地に産まれた村である。頭上の高さに日本海の水面が広がるこの村の入口付近に、こんもり繁った森が自らその姿を大きくしようとしている。ここは、昭和四十八年に斎行された伊勢神宮の式年遷宮《しきねんせんぐう》の古材を受けて、社殿が建てられた大潟《おおがた》神社の森である。広大な水面から最初に顔を出した干拓地、たとえていえば大潟村という「国産み」の原初の場といえる聖地に神社が鎮座する。祀られている神々は、天照大神・豊受大神と八郎潟の主とされる八郎太郎である。

丹生川上神社上社の場合、この社叢とともに歩み築かれてきた河谷の人々の生活の変容を忘れてはならないであろう。それに対して大潟神社が、世代を越えて人々とどのような歴史を共有し、この村の風景を創って行くのか見つめ続けたいところである。

いずれも高度な技術を駆使した巨大な国土開発の結果である。しかしながら、これら水底の聖地をめぐるミクロな世界に光を当てたとき、神々の森の喪失と創造との物語は、現代の我々がかかえている自然保護・環境保全と開発との相克を象徴的に映し出していよう。

森は神明の舎

神道は、ある特定の教義に基づいた倫理生活を営む上での宗教とか、日常の社会生活と離れた個人救済を志向する実践的宗教というタイプではない。むしろ、人々が地域社会に根差したお互いの生活を尊重・理解しながら、平穏無事にそして創造的に暮らしていこうとする見えざる意識を聖なるものとし、その意識の集合が神を祭るという行為で表されるとともに、神祭りが具体的に行われている場が一般に「神社」と呼ばれる聖所である。「ムツビ」(睦) と「ムスヒ」(産霊) という、親和を尊び、生成の力を畏敬する宗教的観念が神道の基底をなしている。

神社の存在が地表空間の中で特徴づけられているのは、そこが大小の森をなしていることである。地域社会の人々の生活を見守る存在として鎮まり座すことが「鎮守の杜」とも親しく称される由縁であり、禁忌によって非日常的な聖空間として区別されるところである。日本最初の本格的な歴史書の『日本書紀』は、七世紀中期の孝徳《こうとく》天皇について、この天皇が仏教を尊び、神道を軽んじた人物であるとのコメントを付している。外来の宗教である仏教に対して、伝来の「神道」を軽く見なしたとの具体的内容は、神社の木を伐採したことと述べられている。この記事は、それ以上詳細な説明をしてはいないが、「神道」がどのようなものとして理解されていたかを知る一例となろう。

古来、神社の樹木を伐採すれば神罰を蒙るとされてきた。それは神のお蔭に対する冒涜的な行為を意味している。神々の森は、それ自体が一つの完結した生命ある世界、まさに神霊の宿り給う舎として守られてきた。森の木々は、世俗的な目的ではなく、社殿造営など神々のために用いられ、樹木が伐採される場合には、神々を鎮謝する祭儀を行い、しかも伐採後は、造林と育成が行われ、長いタイムスパンの中で森の維持が図られてきた。その代表例が伊勢神宮の森である。

しかしながら、人間の思惑が先行し、従来は神聖な場所として手がつけられなかった神社の森も身を細くしているのが現状である。特に都市部においては、道路拡張などの公共事業や、経済効率優先のために神社林が減少してきており、また、大樹は残すが、その他の木が伐られるという場合も見られる。そうした点で、鎮守の森は常に危機に立たされているといえる。

祭祀空間としての自然

古伝の祭祀は興味深い視点を教えてくれている。例えば律令時代に国家的規模で行われた祭祀システムを見ると、儀礼の対象となる神々のネットワークが、自然環境を守る聖空間を構成しているというアイデアが認められる。

祭祀の場で読まれた古態の祝詞（『延喜式』所載）の中から、農耕生活に密着した「祈年《としごいの》祭《まつり》」と「広瀬大忌祭《ひろせのおおいみのまつり》」とを取り上げ、それを窺ってみよう。前者は、陰暦の二月に、農耕を開始するに当たり、その年の豊かな収穫を祈る祭り、後者は四月と七月の両度、稲の生育に重要な時期に、水や大風の被害がないことを願って行われた祭りである。

祈年祭祝詞の主旨は、人々が身体に水の泡や泥を付けながらも作りあげた米の、最初の収穫を神々にお供えするから、稔りが豊かであるように守ってほしいという願いである。ここでは、水田耕作作業の具体的な様子を窺わせる表現が用いられており、身体全体で神々の恵みを感じ、その加護を願う人々の様子が非常によく反映されている。国家的な立場で作成された儀礼の言葉においてさえ、極めて土着的な農耕作業の内容が表現されていることは、祭りがそうした生活を追体験しうる機会であったということができよう。

祈りの対象は、祝詞が作成された当時の空間、すなわち古代宮都があった大和盆地一円の神々が対象となっている。なかでも「水分神《みくまり》」という盆地内を流れる主要な河川の水源を領有する神々が含まれていることは、下流の地域で農耕を営む人々にとって、その上流の世界が、自己の生活世界と深いつながりを持つ聖空間として、強く意識されていたことを示している。

こうした点は、広瀬大忌祭の祝詞において、さらに顕著に表れている。広瀬は、大和盆地の中でも低地にあたり、諸々の川が合流する地点である。現在、この地には広瀬神社という社殿を構えた社があるが、古代においてこの祭りは、広瀬の野において行われていた。祝詞では、「若く瑞々しい食物の女性」との語義を持つ若宇加能売能命《わかうかのめのみこと》という神に対して、人々が一所懸命働いて作り上げた、豊かな収穫物を秋祭りでは、充分にお供えしますとの意志が伝えられた上で、さらなる祈りの対象として、六か所の山口に鎮座する神々への祈願の言葉が付け加えられている。その神々とは、盆地内の六地域に豊かな水をもたらす山の麓に鎮まる神々となっている。

祝詞の章句には、「山々の口から、神々が下す水を、人々は『甘い水』として頂き、米作りをしている。それ故に、どうか洪水や、大風の被害がないように加護を頂きたい」とある。「甘い水」という語は、非常に重要な言葉である。それは、味覚的に甘いという意味ではなくて、「穏やかな」「なめらかな」「心地よい」という観念を伴った言葉であり、「激しい水」「管理の不可能な水」「自然の怒りの隠った水」という観念を内包する「荒い水」に対する語である。

山から流れる水は、いくつもの田を伝わり、川に流れ込み、諸々の川が合流して、大きな河川となって下流へと流れて行く。それ故に、川の上流の人々は下流の人々の生活を念頭において生活をしなければならないし、下流の人々は、上流の人々との連携を常に意識しておくことが必要である。すべての人々にとって水の発生源は、最も関心の高まる場所であり、そこを神々の領有する神聖な場所と観念されたことは必然的な結果といえよう。神々の領有する水源をなす山々と、日常的な生活との接点である山口や分水地点、そしてさまざまな生活世界を流れた水が集う川の合流点で、神々の祭りが行われてきたことは、個々の地点は、それぞれ単独ではあるが、それらの地点が実際には相互に連結しており、神々のつくりなすネットワーク世界のなかに私たちの生活があるという観念が共有されていたことを示している。

この観念を実態的にも分断し、全体的つながり意識が身体全体で感じられなくなったのが現代社会といえよう。私たちは、「甘い水」を享受する資格を失うどころか、「荒い水」をつくり出してはいないだろうか。

自然の霊性と祓

祭りが行われる時、空間では特に聖性保持がその要件として重視されている。祭礼期間中に氏子区域に注連縄《しめなわ》が張られたり、あるいは祓や禊という清浄確保の行為はそのことを示している。六月と十二月の晦日に行われる大祓《おおはらえ》という儀礼は、罪や穢れの象徴的な除去を目的とし、そこで読誦されるのが大祓詞である。

『延喜式』所載の大祓詞では、罪の内容を、天津罪《あまつつみ》と国津罪《くにつつみ》に大別し、前者は水田の畦を破壊したり、水路を埋めるなどの農耕妨害を罪と位置づけている。後者は、傷害発生、身体的病気、性の禁忌を犯すこと、鳥虫による被害、呪詛的行為を行うことなどを罪としている。特に集団生活の維持や秩序に反する行動を「天津罪」として、より重大な罪と位置づけていることは、共生のための倫理観が窺われよう。現在の大祓詞にこうした罪の具体例は掲げられていないが、少なくとも大祓の儀礼を実施することによって、人々は等しく根元的な清浄の立場に立ち返り、新たな生活が開始されるという主旨が窺われる。

古伝の大祓詞では、罪が除去されるのは、神々が人々の犯したさまざまな罪を伝達し、最終的には見えない彼方へ放逐すると観念されている。関係部分を整理して紹介すると次の通りである。

（一）瀬織津比売《せおりつひめ》という神が罪を海へもたらす。この女神は、山麓から勢いよく落下する川の瀬を領有する神である。

（二）次に、それらの罪は速開津比売《はやあきつひめ》という女神が呑み込む。この神は、海流が交差する所を領有する神である。

（三）気吹戸主《いぶきどぬし》という男神が、「根の国・底の国」と呼ばれる異界へ、口から息を吹かけるように、吹き払ってしまう。この神の所在場所は明確に出来ないが、神名から推測すると、息を吹くところにいる神となり、人間の身体になぞらえれば、口の部分に相当しよう。

（四）最後に、速佐須良比売《はやさすらひめ》という女神が、いずれかに持って行ってしまう。この神は、根の国・底の国を領有する神となっている。

以上のように、四つの場面において罪の最終的な除去を語っているわけであるが、山から海へ、そして海の彼方の見えない世界へと罪が移動し、やがて消えて無くなるという捉え方は、最終的な罪の責任をあがなわない、無責任な発想のように思われるが、罪自体は、人々が自覚をしなくても犯すものという考え方と対照的である。罪が自然に発生し消滅するという点では、人間が本来的に罪を背負った存在ではないが、いつでも罪を発生させる存在であるということを示している。

大祓という儀礼システムの確立は、罪の定期的な覚醒を促すものといえるが、注目しておきたい点は、こうした罪が、川や海といった人間をとりまく自然を領有する神々や、あるいは異界を支配する神々によって運ばれていくという考え方である。人々を取り囲む世界を、それぞれ分有している神々が、人々が罪を犯したことを聞き届け、それら罪ごとを神々が自己の領有する世界において受けとめ、最終的に解き放つという発想は、人間の犯した罪は、神々の力能によってこそ除去されるという考え方を示していよう。敷衍すれば、川や海、野や山など、生活を取り囲む自然界の力なくして罪は除去されず、そうした自然界の有する霊性が人間を根元的な生の世界に立ち返らせるという自覚の問題である。

「鎮守の森に」から「鎮守の森を」へ

現在、神社界では、次代に伝える「千年の森」づくり運動や、鎮守の森を学び守る上での環境教育の機会を提供したり、神社をあらたな地域コミュニティ再生の核としたネットワークづくりなど、地域ごとの自然（森）、文化（祭り）、社会資産（氏子・崇敬者）の特性を生かした活動が進められている。

その一方で、神社の森の植生研究から得られた知識を生かした国内外の森づくり活動に「Chinju-no-mori」という用語が用いられているように、資源を保持してきた伝統性にあらたな光が当てられている。また、海辺の人々が、港湾へ流入する河川上流の山林を育てることが行われたり、里山保全への関心も高まっているが、そこには、自己の生活空間が孤立的に存在、完結しているのではなく、他者の生活空間を尊重し、それら諸空間がつながっているということを認識してこそ、自己も存在するということを、生活の実感として体得できることが大切であろう。ここには、自然の霊性と人間の生命との連動性、そして連続した自然界の中に置かれた人間の立場と責任への自覚という神道の自然観に根ざした宗教的感性との深い関わりが見出される。

自然の中に私たちは「生かされている」という考えに立ち、自然への親愛と畏敬とを、山の神、海の神、野の神、川の神、木の神、水の神などとして捉え、集合的には神々の森として信仰されてきたのが神道の姿である。自然を限定した場面で残せばよいという考えはもうやめるべきであろう。「鎮守の森に光を」という発想から「鎮守の森を光に」として地球環境保全への英知が必要となっているのではなかろうか。

扉をひらく声が聞こえる
―『古事記』と鳥―

「時告げ鳥」とは鶏の別称である。朝が来たことを、その鳴き声で告げる習性から名付けられたようだ。庭先で鶏を飼う光景が失われた昨今、時を告げてくれるのはどのような鳥なのだろう。昼夜を分かたず光線が飛び交い、四時の区別なく世がうごめく現代社会では、「一番鳥」が鳴いた、鶯の「初音」が聞こえたという季節の趣は身近な世界から消え去ったようにも思える。

大国主神と鶏

鳥は、鳴き声だけでなく、羽ばたきでも時の経過を教えてくれる。『古事記』には、そのことを伝える「神語り」が記されている。出雲国の八千矛神《やちほこのかみ》が、高志国に沼河比売《ぬなかわひめ》という麗しい女性のいることを聞きつけ「妻問い」、すなわち求婚に赴く場面である。高志は新潟地方のことであるから、ＬＩＮＥですばやくヨソ（他所）と繋がる現代とは違って、まさに「はるばる」訪れたと言えようが、その時の様子は、次のような歌でもって語られる。

八千矛の　神の命は　八島国　妻枕きかねて
遠遠し　高志国に　賢し女を　ありと聞かして　麗し女を　ありと聞こして
さ婚《よば》ひにありたたし　婚《つまど》ひに　あり通わせ
太刀が緒も　いまだ解かずて　襲《おすひ》をも　いまだ解かねば　乙女の　寝すや板戸を　押そぶらひ　我たたせれば　引こずらひ　我たたせれば
青山に　鵺はなきぬ　さ野つ鳥　雉はとよむ　庭つ鳥　鶏はなく　心痛くも　鳴くなる鳥かこの鳥も　打ち止めこせね　（下略）

八千矛神（大国主神の異称）は、パートナーを求めて国中を探したが、なかなか相手に出会わず、ついに高志国に素晴らしい女性がいることを聞きつけ、繰り返しプロポーズを試みた。家の中へ入れてくれるように、扉を押したり引いたりするが、おいそれとは開けてもらえない。一晩中、家の外に立たされているうちに、遠くの山では鵺《ぬえ》が鳴き、やがて近くの野原から雉が飛び立ち、ついに庭の鳥が時を告げて夜が明け、八千矛神の求婚は受け入れられなかったという内容である。「いまいましい鳥め、鳴き止めさせてしまえ」と無念の思いが発露されている。求婚の結末は、両神が結ばれるので安堵するとして、夜明けの状況を、遠い山での鵺の声、野原の雉が一斉に飛び立つ羽ばたき音、そして鳴き声を立てる人家の鶏の登場で時間の経過を示している。遠くの山から近くの人里へと空間を移動させることで朝の近づきを実感させ、そこに三種の異なる鳥の出現がシンクロすることで、全身で受け止めている「時の原風景」を見事に表していよう。

神事における鳥の役割

鳥は単に時を告げるだけではなく、「開く」という役割を担っていたと思われる。神話に登場する「天の岩屋戸」と「常世長鳴鳥《とこよのながなきどり》」の結びつきを思い出してみよう。天照大神《あまてらすおおみかみ》が窟に籠り「常夜《とこよ》」(永遠の闇) の世界となった時に、大神の再登場を願って祭儀が行われる場面で、鳥が鳴声を響かせる。わざわざ「常世」「長鳴」と形容されて登場する鳥であるから、単に時を告げるだけではなく、天の岩屋戸が開き、悠久の秩序ある世界が導き出されたという、象徴性を有する鳴き声と見られよう。

「天の岩屋戸」が開くということは大変喜ばしい出来事である。室町時代の勅撰集『新続古今和歌集』の神祇歌に「あきらけく岩戸をいでし朝より天照神の国ぞさかゆる」（巻二〇・二〇八三番）という等持院贈左大臣（足利尊氏）の和歌が収められている。「天の戸を開く」の表現は、歌語として夜明けを意味するが、この神祇歌は天の岩屋戸の故実を背景に詠まれたと窺える。岩戸をでられた時より天照大神の加護される国が栄えてきたのだという。尊氏は、弟の直義とともに、醍醐寺三宝院賢俊の神宮参拝に託して太刀・神馬を奉ったとあり（『神宮史年表』正平元年（貞和二年）十月二十五日の項）、大神宮への崇敬が武門武将へと浸透していたことを示すものとして興味深い。

神宮と鶏

伊勢の神宮で、平成二十五年に第六十二回式年遷宮《しきねんせんぐう》が斎行されたことは記憶に新しいところであろう。十月二日に内宮《ないくう》、五日は外宮《げくう》で遷御《せんぎょ》の儀が、原古の時間に戻ったような雰囲気のもと行われた。静寂のなか、道楽《みちがく》の音とともに、「御」が絹垣に囲まれ、それまでお祀りされていた神殿から新宮《にいみや》へ遷される場面を思い出される方も多いであろう。大神が「出御《しゅつぎょ》」されるに当たって、直前に「鶏鳴《けいめい》三声」と称し、神職が羽ばたきとともに、カケコー（内宮）、カケロー（外宮）と高らかに声を唱える所作が伴われる。

天の岩屋戸からの天照大神出現の神話世界を彷彿させるが、神宮の古記録『皇太神宮儀式帳』（延暦二十三年〈八〇四〉撰進）の「皇太神御形新宮遷奉時儀式行事」条によれば、絹垣と榊とに囲まれた「正体」（ご神体）は禰宜等の手により遷されるが、「加初飼（カケコウ）」の鳴き声が三度発せられるのは出御の時ではない。新宮の入り口にある玉串門と瑞《みず》垣御門《がきごもん》、そして正殿御階の下においてである。鳥の声が出御を促すために告げられるというよりは、移御の道中、新宮の御門二か所を通過する時と新殿の外から内へと進むにあたっての鶏鳴三声である。古殿からは大神が「出でます」こととなる。一方、新たな御敷地《みしきち》、殿舎からすれば「お入りになる」ということとなる。出入の過程という両義的な性格を持つ時と場に伴う所作である。『儀式帳』から窺えば、鶏鳴は新たな時空間を「開く」趣意に比重が置かれているといえよう。

天岩屋戸が暗示するもの

『古事記』の天の岩屋戸の段を改めて振り返ると、岩屋戸に隠られた天照大神は、戸外での神々の笑い声と響動を不思議に思い少しく戸を開ける。その一瞬を見逃さず、天手力《あめのたぢから》男神《おのかみ》はさらに扉を引き開け、大神の手を取り外へ導き出したとある。岩屋の戸は無理に外部からこじ開けられたわけではない。中におられた大神が、自らの意志で岩戸を引き開けたときに、手力男神がアシストしたということになる。

この場面は、籠りがちといわれる現代社会に大切なことを暗示していよう。それは、一枚の扉が開かれることの難しさとともに、無理に外から扉を開けるのではなく、内から開こうとする思いに寄り添うことの重要性である。開く時を促す鶏鳴は、どのような鳴き声なのだろうか。心の扉に届く声を酉年にこそ得たいものである。

あとがき

本書の著者である櫻井治男皇學館大学名誉教授は、多年にわたり母校の皇學館大学にて学部および大学院で教鞭を執り、加えて大学のみならず、神社本庁教学委員や同教化講師、同総合研究所運営委員をはじめとする斯界の教学関連の要職を務められてきた。先生が研究および教育、著述、各種の講演等の活動を通じて、神社界の発展、神道教学の興隆に多大なる尽力をなされてきたことは、茲に縷々記すまでもないが、とくに明治末期から大正初期にかけて全国で集中的に行われた神社整理とその後の復祀行動にかかる学術的な研究業績については、『蘇るムラの神々』(大明堂、平成四年)、『地域神社の宗教学』(弘文堂、平成二十二年)などの刊行を通じて内外に高く評価されており、平成三十年五月には、南方熊楠顕彰会(会長＝真砂充敏田辺市長)から第二十八回南方熊楠賞(人文の部)を受賞されている。

先生は、皇學館大学に奉職され研究者としての歩みを始められた昭和四十八年以降、五十年以上にわたり、伊勢の「大神の宮」である神宮のお膝元にて宗教学、宗教社会学、神社祭祀研究の立場から、伊勢や伊賀、東紀州の各地域のムラの神々とその神祭りに関心を寄せながら数多の学術論文等を発表されてきた。本書はそれらのうち、いわゆる研究的なエッセイなどを中心に、とりわけ昭和六十一年から令和六年三月までの小論を取り纏めた次第であるが、本書に収録されたものの大半は平成に入ってからの三十五年余の間に発表されたもので、先生の古稀のお祝い会に合わせて編まれた同名の小冊子が本書の土台となっている。

先生は、現在も諸務の合間を縫ってフィールドワークを欠かすことなく続けられており、三重県内の民俗行事や祭礼調査などに駆け廻られている。その成果は本冊子の一つひとつの小論を紐解いて戴ければと思うが、先生の学的な中心、研究の軸にある伊勢の「大神の宮」を中心に、まさに日本人にとって「神社とは何か」、「神職とは何か」、「祭りとは何か」、「神を祀ることとは何か」という問題を真摯かつ謙虚に突き詰めてこられたことが本書収録の論考の端々から窺い知ることができよう。

今後、少子高齢化、過疎化も進行するとともに、様々な面において多様性が求められる日本社会の中にあって、本書が「日本人にとって神とは何か」、「日本人にとって伊勢の神宮とはいかなる存在か」、という神道においての根本的ともいえる問いや、神宮・神社・神職と地域共同体との関係性、神社や祭りの意義を考えるための参考書の一つとなれば、これ幸いである。

令和七年一月十七日

國學院大學教授　藤本頼生

初出一覧

第一章　伊勢の大神と遷宮

伊勢神宮と神道文化―三種類の象徴的な時間―

（原題）「伊勢神宮と神道文化」　（『日本学論叢』第一四号、令和六年三月）

伊勢の大神と古代信仰―天照大神と伊勢―

（原題）「古代信仰と『天照大神』が示す原初の姿」　（『歴史読本』平成二五年六月号）

選ばれし国、伊勢志摩―神々との共生―

（原題）「選ばれし国、伊勢志摩」　（『てんとう虫』四八巻一号、平成二八年六月）

外宮の由来と役割―度会の大神の祭場―　（『別冊太陽』二〇八号、平成二五年五月）

地域神社で行われる造替遷宮―ゾウクとムラの神々―

（原題）「地域神社で行われる造替遷宮」　（『明治聖徳記念学会紀要』復刊第五〇号、平成二五年十一月）

小さな伝統を支えるもの―ムラの社の御遷宮―（『神社新報』平成五年一二月二〇日）

遷宮を迎える町とムラ―伊勢地方の「神遷」―　（『神社新報』平成四年五月四日）

人さまざまの伊勢参り―御師と抜け参り―

（原題）人さまざまの伊勢参り　（『伊奈波さん』一五号、平成二三年六月）

「遷宮効果」への期待―経済効果にみる「聖」と「俗」―

書き下ろし　（平成二五～六年頃に執筆）

聖物の措置―毀却・焼却・埋納・流棄そして存置―

（『国際宗教研究所ニュース』No.45　平成一七年一月）

お木曳とお白石持ち―祭りのための遷宮―

（原題）お木曳とお白石持ち　（『神宮の式年遷宮』、昭和六一年五月一五日）

第二章　ムラの神々と祭祀

路傍の神様から伊勢の大神まで―多神教の風土を旅する―

（『まほら』No.51　平成一九年四月）

神の飛来・人の飛行—熊野みち雑感—
(『熊野参詣道伊勢路を行く（みえ熊野の歴史と文化シリーズ4）』平成一六年三月)
神路の奥をたずねる—神仏習合と分離—
(原題)「神仏習合と神仏分離」(『てんとう虫』四四巻一号、平成二四年一月)
神社の合併と「神霊」の勧請—名張市井手の稲荷社を通して思うこと—
(西山茂先生古稀記念文集『実証的宗社会学の学縁』平成二四年八月)
変装する動物たち—御頭神事と英国ホビーホース—
(『C＆D』No.81 昭和六四年一月一日)
「星祭り」で神宮参拝—ヤーヤ祭と尾鷲—
(原題)「星祭りで神宮参拝—的を射止め関係者打揃ひ」
(『神社新報』平成八年三月一一日)
御田の祭—なされごとの世界—
(原題)「御田祭り」
(『みちひらき』六三号、平成七年七月)
鎮守の森は「神明の舎」—祭祀空間と自然—

（原題）「鎮守の森は―「神明の舎」」　（『勤労者福祉』No.56　平成一二年六月）

扉をひらく声が聞こえる―『古事記』と鳥―

（原題）「扉をひらく声が聞こえる」　（『椿の宮』四三号、平成二九年一月）

本書の編集方針

本書編集にあたっては、初出となる原文のかな遣い（歴史的・現代）等が異なることから、なるべく表記を統一し、読者の読みやすさを重視する観点から著者の了解のもと、左記の点に留意して編集を行ったので本書を読む際、あるいは引用される際に十分注意されたい。

一、原文が歴史的かな遣いの場合は、現代かな遣いに改めた。

一、原文において明確に誤字や脱字、誤植が見られる場合はこれを訂正した。

一、原題および各節の名称等は読者の読みやすさを考え、本書編集にあたって一部改めたものがある。また、原文に節のタイトルがなく「〇」印などの表記で一行明けがなされていた箇所については、適宜節のタイトルを挿入した箇所がある。原文で「一、…」と節に分かれていた箇所についても他の文章との統一のため、「一、」「二、」などを削除する処理をおこなった。

一、講演録については文体を改めず掲載した。

一、数字表記については元号や西暦、数量などについて、表記法の統一を図った。

一、原文において、ふりがなが付いていた箇所については、書籍化にあたり新たに付した箇所、また編集の都合上、一部削除した箇所がある。

一、原文に付された写真については、原文の初出の年代によっては、再掲不可能なものもあり、本書編集にあたり都合上、削除した箇所がある。

一、本書掲載の写真については、特に表記がない場合は、著者および藤本頼生國學院大學教授の撮影、または神社新報社の写真である。

以　上

櫻井　治男（さくらい・はるお）

皇學館大学名誉教授。昭和二十四年（一九四九）生まれ、皇學館大学大学院文学研究科修士課程修了、博士（宗教学）。日本宗教学会評議員、神道宗教学会理事、神道文化会理事、ＮＰＯ法人社叢学会理事長、神社本庁教学委員・運営委員、神社本庁教化講師、神社新報論説委員なども務める。著書に『地域神社の宗教学』（弘文堂）、『知識ゼロからの神社入門』（監修・幻冬舎）、『神道の多面的価値』（皇學館大学出版部）

神社新報ブックス　24

お伊勢さんとムラの神々　―祭りに学ぶ―

令和７年３月14日　第一刷発行

著　者　　櫻　井　　治　男

発行所 株式会社 神　社　新　報　社
東京都渋谷区代々木１－１－２
電話　03-3379-8212

印刷 製本　中和印刷株式会社

落丁・乱丁本はお取替へいたします　Printed in Japan

ISBN 978-4-908128-42-4　C 3214